ENTENDENDO MICHAEL PORTER
O GUIA ESSENCIAL DA COMPETIÇÃO E ESTRATÉGIA

JOAN MAGRETTA

ENTENDENDO MICHAEL PORTER
O GUIA ESSENCIAL DA COMPETIÇÃO E ESTRATÉGIA

ALTA BOOKS
EDITORA
Rio de Janeiro, 2019

Copyright © 2019. Starlin Alta Editora e Consultora Eireli.
Copyright © 2012 by Joan Magretta
Publicado mediante acordo com a Harvard Business Review Press
Título original: Understanding Michael Porter: the essential guide to competition and strategy

Tradução: Carlos Szlak
Produção editorial: Casa de Ideias
Preparação: Sonia Midori Yamamoto
Revisão: Paula Mendes e Lilian Garrafa
Diagramação e capa: Casa de Ideias
Produção Editorial – HSM Editora - CNPJ: 01.619.385/0001-32

Todos os direitos estão reservados e protegidos por Lei. Nenhuma parte deste livro, sem autorização prévia por escrito da editora, poderá ser reproduzida ou transmitida. A violação dos Direitos Autorais é crime estabelecido na Lei nº 9.610/98 e com punição de acordo com o artigo 184 do Código Penal.

Erratas e arquivos de apoio: No site da editora relatamos, com a devida correção, qualquer erro encontrado em nossos livros, bem como disponibilizamos arquivos de apoio se aplicáveis à obra em questão.
Acesse o site www.altabooks.com.br e procure pelo título do livro desejado para ter acesso às erratas, aos arquivos de apoio e/ou a outros conteúdos aplicáveis à obra.

Suporte Técnico: A obra é comercializada na forma em que está, sem direito a suporte técnico ou orientação pessoal/exclusiva ao leitor.

A editora não se responsabiliza pela manutenção, atualização e idioma dos sites referidos pelos autores nesta obra.

Dados Internacionais de Catalogação na Publicação (CIP)
(Câmara Brasileira do Livro, SP, Brasil)

Magretta, Joan
 Entendendo Michael Porter : o guia essencial da competição e estratégia / Joan Magretta ; [tradução Carlos Szlak]. – Rio de Janeiro : Alta Books, 2019.

 Título original: Understanding Michael Porter: the essential guide to competition and strategy

Bibliografia
ISBN: 987-85-508-0748-5

1. Administração 2. Competição 3. Planejamento estratégico 4. Porter, Michael E. I. Título.

12-06573   CDD-658.4012

Índice para catálogo sistemático:
1. Planejamento estratégico : Administração de empresas 658.4012

Rua Viúva Cláudio, 291 — Bairro Industrial do Jacaré
CEP: 20.970-031 — Rio de Janeiro (RJ)
Tels.: (21) 3278-8069 / 3278-8419
www.altabooks.com.br — altabooks@altabooks.com.br
www.facebook.com/altabooks — www.instagram.com/altabooks

Por seu exemplo, Arthur Rosin, meu tio, ensinou-me o prazer de entender e explicar. Este livro é dedicado a ele, a Betty Rosin e a meus pais, Cyrille e Eugene Gorin.

SUMÁRIO

Agradecimentos 9
Prefácio à edição brasileira 11
Introdução 15

PARTE I: O QUE É COMPETIÇÃO? 29
1 Competição: a mentalidade correta 33
2 As cinco forças: competindo por lucros 49
3 Vantagem competitiva: a cadeia de valor 75
e seus resultados financeiros

PARTE II: O QUE É ESTRATÉGIA? 103
4 Criação de valor: a essência 107
5 *Trade-offs*: o elemento decisivo 133
6 Ajuste: o amplificador 153
7 Continuidade: o capacitador 169

Epílogo: uma breve lista de implicações práticas 193

Perguntas mais frequentes: uma entrevista com Michael Porter 197
Glossário de Porter: conceitos-chave 221
Notas e fontes dos capítulos 233
Índice remissivo 239
Sobre a autora 247

AGRADECIMENTOS

O Michael Porter que conheço é, acima de tudo, um professor nato. Se este livro for capaz de ajudar os leitores a entender as ideias de Porter em sua plenitude, será graças, em grande medida, ao encorajamento, à orientação e à paciência com que ele as explicou a mim. À medida que este livro era escrito, ele revisava cada capítulo com esmero, concedendo generosamente seu tempo e sua atenção aguçada.

Os exemplos de empresas que utilizei para ilustrar as ideias de Porter recorrem não só a sua obra, mas também à de diversos pesquisadores e autores de publicações de negócios. As fontes publicadas que consultei foram citadas nas notas dos capítulos. Também sou grata às obras inéditas dos notáveis pesquisadores do Institute for Strategy and Competitiveness (ISC), na Harvard Business School (HBS), e, em especial, de Andrew Funderburk.

Diversos colegas e amigos deram sugestões úteis aos esboços iniciais deste livro. Três deles foram muito além da obrigação. Jan Rivkin, professor de estratégia na HBS, fez o máximo para me impedir de poupar esforços intelectuais. Ellyn McColgan, executiva experiente, foi incansável em questionar a importância para seus pares do trabalho de Porter. Paula Duffy, editora notável e amante dos livros, ofereceu conselhos inestimáveis a respeito de diversos aspectos deste projeto. Também sou grata a Regina Fazio Maruca e Alice Howard pelas sugestões; a Chris Allen, da Baker Library, pelo apoio; a Lydia Graham, da ISC; e a Allison Peter, da Harvard Business Review Press.

Todos nós precisamos de orientadores e torcedores. Rafe Sagalyn e Cyrille Gorin foram os meus, encorajando-me a escrever este livro e ajudando-me a dar o primeiro passo. Melinda Merino foi a editora perfeita; sua apreciação crítica e apoio tornaram esta obra melhor.

Por fim, agradeço em especial a meu marido, Bill Magretta. Mas não se trata de um agradecimento convencional. Bill é, e sempre foi, minha arma secreta, o leitor mais inteligente que conheço.

PREFÁCIO À EDIÇÃO BRASILEIRA

Este livro resolve um problema.

Muitos autores e críticos remetem-se ao trabalho de Porter, mas contam-se nos dedos os que o fazem com precisão. Esta obra, que prima pela excelência, descreve fielmente as teorias fundamentais do guru em estratégia da Harvard Business School, traduzindo-as de forma clara para os gestores, sem simplificá-las em demasia. *Entendendo Michael Porter* apresenta diversos *insights* práticos que ajudarão seus leitores na construção de soluções inovadoras e bem fundamentadas.

Sim, porque quem lê este livro certamente está em busca de ideias para lidar com um mundo que exige mais equidade, acesso e custos justos, ou seja, um cenário em que um atendimento de qualidade esteja disponível ao maior número possível de pessoas, não importa qual seja a atividade em questão. Eu mesmo busco isso e já li, com tal finalidade, diversos livros de Porter, sobre estratégia, competição, vantagem competitiva.

O que há de especial neste livro é que a autora, Joan Magretta, faz a conexão entre os vários conceitos que Porter levou diversos títulos para desenvolver: a essência da competição, as cinco forças, a cadeia de valor, a criação de valor, as escolhas (*trade-offs*) etc. Ela costura tudo de forma acessível, coerente e, por que não dizer, caprichosa. Com credenciais inquestionáveis de empresária experiente e hábil educadora, Magretta ao mesmo tempo resume Porter, analisa-o criticamente e auxilia o leitor a aplicar o que for adequado a suas necessidades, interesses, objetivos estratégicos e recursos específicos.

Entrei em contato com o pensamento de Porter e suas cinco forças nos anos 1980, quando ele ainda estava a caminho de ser aclamado unanimemente à grande autoridade em estratégia que é hoje. Ele me influenciou muito na criação e gestão do Grupo Amil. Porter buscava responder a perguntas tão inteligentes e tão óbvias quanto "Por que algumas empresas são mais rentáveis do que outras?". Suas respostas, porém, não eram nada óbvias. Por exemplo, o sucesso competitivo, segundo Porter, reside na capacidade de uma organização criar valor único. Não se trata de ser o maior ou o melhor. Como todos perseguimos o mesmo cliente (resultado de quando a estratégia de todos é simplesmente "ser o melhor"), a concorrência acaba por centrar-se em características "commoditizadas" e preços. Não se trata de uma disputa vaidosa entre rivais, contudo, o esforço é para garantir os melhores resultados possíveis para seus clientes.

Como Porter ensina e Magretta reforça, a rentabilidade de uma empresa depende das barreiras à entrada de competidores e substitutos, barreiras essas que podem derivar de economia de escala, custos de mudança do cliente e efeitos de rede, grandes investimentos de capital, tecnologia proprietária, acesso aos canais de distribuição, regulamentações e restrições do governo. A estrutura das cinco forças de Porter transformou o modo como gestores inteligentes encaram suas empresas e descobrem oportunidades para prosperar dentro delas.

Em minha opinião de empresário, portanto, este livro proporciona uma síntese única das principais ideias de Michael Porter, dominando temas como o desenvolvimento da mentalidade correta para a competição, as cinco forças competitivas, como e por que uma cadeia de valor pode ser uma vantagem competitiva decisiva, o que é o *"core"* (o coração) de um negócio e como ele pode ajudar a criar valor, como e por que os *trade-offs* são a estratégia do "eixo", como e por que o valor ou o custo de uma atividade é afetado pela forma como outras atividades são realizadas, como e por que a continuidade permite o desenvolvimento de vantagem competitiva. Como se não bastasse, a obra contém ainda uma entrevista de Magretta com Porter e um glossário de conceitos-chave. E a autora vai além, situando o trabalho de Porter num contexto maior.

Tudo isso seria suficiente para eu já lançar a candidatura deste título de Joan Magretta a "clássico dos negócios", mas quero terminar este prefácio com um depoimento pessoal sobre Porter, o grande especialista em estratégia da Harvard Business School, considerado por muitos "o pai da estratégia", diretor do Institute for Strategy and Competitiveness, da Harvard Business School, indubitavelmente um dos mais conceituados especialistas em estratégia de todo o mundo.

Porter e eu nos tornamos amigos. Apresentei a beleza de Búzios a ele, quando o recebi em minha casa, e conversamos longamente sobre um dos assuntos que mais lhe interessam e que tanto nos têm aproximado: o setor de saúde e seus desafios únicos. Sou extremamente grato a Porter por sua dedicação ao tema.

Aliás, já lhe era grato antes. Grato, porque Porter esclareceu para nós a confusão (dominante no universo empresarial) que envolve desempenho econômico, valor para o acionista e preço da ação – o valor para o acionista é um resultado que surge quando há desempenho econômico excepcional, mas o preço da ação em dado dia não reflete precisamente o valor econômico. Grato, por ele definir com tanta clareza que o objetivo que faz sentido no universo empresarial é obter um considerável retorno sobre o capital investido – tópico que é explorado a fundo neste livro.

Grato, por Porter evidenciar que eficácia operacional é uma coisa e estratégia, outra bem distinta. A eficácia operacional é, essencialmente, uma extensão das melhores práticas; as boas operações são capazes de impulsionar o desempenho. "O problema, porém, é que isso dificilmente se sustenta. As práticas realmente boas acabam sendo seguidas por todos".

Não escondo que a Amil busca seguir à risca as instruções de Porter, como esta: "O verdadeiro desafio da gestão é fazer todas essas coisas simultaneamente. Manter as melhores práticas e, ao mesmo tempo, solidificar, esclarecer e aprimorar a posição ocupada com exclusividade pela empresa". E fazê-lo constantemente. Como diz Porter, "se não for algo constante, não é estratégia. Quando não se permanece buscando a mesma direção por dois ou três anos, ela não significa nada". Devemos a ele também esse aprendizado. Eu procuro usar sempre esses conceitos no desenvolvimento da estratégia para nosso grupo.

Recomendo fortemente este livro, em especial, para quem tenta obter uma boa compreensão dos conceitos de Michael Porter e quer agir a partir deles. Este material pode servir como uma base duradoura para a vantagem competitiva decisiva.

Parabéns a Joan Magretta, que talvez esteja resolvendo vários problemas, de várias pessoas, em vez de apenas um!

EDSON DE GODOY BUENO
PRESIDENTE DO CONSELHO DA AMILPAR E FUNDADOR DA AMIL

INTRODUÇÃO

Michael Porter não se tornou um gigante no campo da competição e da estratégia pensando pequeno. Muito cedo em sua carreira, ele procurou responder à pergunta mais importante e consequente no mundo dos negócios: por que algumas empresas são mais lucrativas do que outras? Uma grande pergunta levou a outra. Por que alguns setores são sistematicamente mais lucrativos do que outros, e o que isso significa para um gestor incumbido de desenvolver uma estratégia? Por que alguns países ou regiões são mais bem-sucedidos do que outros, e o que isso significa para as empresas em uma era global? Desde a publicação de seus clássicos inovadores, *Competitive Strategy* (*Estratégia competitiva*), de 1980, e *Competitive Advantage* (*Vantagem competitiva*), de 1985,* Michael Porter tem encontrado respostas para essas perguntas fundamentais acerca de competição e sucesso competitivo. O que pode ser mais importante para os gestores?

O curioso a respeito dos clássicos, como Mark Twain observou, é que frequentemente são livros "que todos gostariam de ter lido, mas ninguém quer ler". Estudar a obra de Porter pode ser um pouco como adotar para valer a prática de exercícios físicos. Vai fazer bem ao pra-

---

* Respectivas edições brasileiras: Campus, 1ª edição, 2005; e 35ª edição, 1990. (N. E.)

ticante, até transformá-lo. Mas não será fácil, especialmente para os gestores que já têm coisas demais para administrar. Por onde começar? Como assimilar milhares de páginas de produção literária, algumas delas escritas tanto para acadêmicos quanto para executivos de empresas? Começando com as obras mais antigas, que também são as mais densas? Ou tentando pular para os conceitos mais avançados, sem primeiro dominar os princípios básicos? A boa notícia é que o trabalho de Porter é ambicioso e profundo. Mas essa também é a má notícia: sua produção literária demanda mais esforço e concentração do que muitos leitores podem dispor hoje em dia.

No entanto, para aqueles que levam a estratégia a sério, a obra de Porter é fundamental. Este livro filtra a essência dessa obra para os gestores. Se existir algo como um sumário executivo do tamanho de um livro, *Entendendo Michael Porter* é isso. Ao escrevê-lo, parti da premissa de que o pensamento estratégico claro é fundamental para qualquer gestor em qualquer cenário, e a obra de Porter traz os princípios e as estruturas básicas que precisam ser dominados. Meu objetivo é apresentar as ideias essenciais de Porter de uma forma que possa ser mais facilmente digerida e colocada em prática do que a original. No entanto, estendendo minha metáfora, quem realmente quiser digerir essas ideias de crucial importância terá de estar disposto a mastigá-las bem. Estratégia não é *fast-food*, e Porter também não é.

Porter costuma dizer que "a essência da estratégia é escolher o que não fazer". Essa frase merece ser lida e relida porque descreve a causa da maioria dos fracassos de estratégia. Ao definir minha estratégia para este livro, resolvi praticar o que Porter prega. Em poucas palavras, eis o que este livro *não* é:

- Não é um livro para acadêmicos de estratégia. Seu público-alvo são os executivos de empresas e as pessoas que os assessoram e trabalham com eles.
- Não é uma tentativa de resumir *toda* a obra de Porter. Este livro enfoca a competição e a estratégia, deixando de lado muitos trabalhos notáveis a respeito de tópicos como desenvolvimento

econômico ou a aplicação de princípios competitivos a problemas sociais, tais como sistemas de saúde pública e meio ambiente.
- Não é uma extensão da obra de Porter. No entanto, cuidei de integrar ideias que foram desenvolvidas em estágios distintos da carreira de Porter, atualizando os trabalhos mais antigos para refletirem extensões posteriores deles. Contei com a cooperação plena de Porter, incluindo o acesso a materiais mais recentes de transcrições de discursos e palestras inéditas.
- Não é basicamente um livro do tipo "como fazer", assim como uma obra acerca de aerodinâmica e princípios de voo, por si só, não habilita ninguém como piloto. Este livro é mais do tipo "que faz pensar", que ajuda a identificar uma boa (ou má) estratégia e a reconhecer a diferença entre uma estratégia sólida e a última moda em gestão.

POR QUE AGORA?

A obra de Porter, embora nunca um modismo e sempre pertinente, jamais foi tão oportuna para tantas pessoas que atuam nos setores público e privado quanto o é na atualidade. Vivemos um momento de turbulência econômica em diversos setores e países de todo o mundo. Essa turbulência coloca a competição em uma encruzilhada. É enaltecida por alguns como o caminho – na realidade, o *único* caminho – para o crescimento e a prosperidade. É temida e odiada por outros, que a consideram uma corrida destrutiva ao fundo do poço. Além disso, a própria estratégia tem sido alvo de ataques: alguns sustentam que a execução, e não a estratégia, é o único caminho para o sucesso competitivo. Segundo eles, mesmo que uma organização crie vantagem competitiva, esta não terá vida longa no atual mundo hipercompetitivo; então, por que se preocupar com isso? Esses conceitos errôneos são perigosos. Ao dominar as ideias essenciais de Porter, será possível entender não só como certas empresas sustentam sua vantagem competitiva por décadas, mas também por que a estratégia é ainda mais importante – e não menos – em tempos turbulentos e incertos.

Infelizmente, muitos têm acesso às ideias de Porter por vias indiretas, e o que, em geral, acabam obtendo é inadequado e incorreto. Procurarei corrigir isso, expondo-as de modo tão conciso quanto possível, sem simplificá-las demais. Ao longo do caminho, destacarei os conceitos errôneos mais comuns acerca da estratégia e da obra de Porter.

POR QUE EU?

Tomei contato com a obra de Michael Porter quando era aluna de MBA, em Harvard, no início da década de 1980, e sua disciplina "Industry and Competitive Analysis" [Análise setorial e competitiva] era a mais concorrida do currículo. Essa disciplina formava milhares de consultores de estratégia, e eu estava entre eles. Na Bain & Company, a firma de consultoria da qual acabei me tornando sócia, os livros de Porter não enfeitavam a estante. Eram lidos e relidos; tinham anotações nas margens e aplicação prática.

Ao longo de minha carreira, trabalhei com clientes de diversos setores, desde biotecnologia e farmacêutico até confecção de roupas e manufatura pesada, além de organizações sem fins lucrativos nos mais variados campos. Independentemente do setor ou do tipo de empresa, com ou sem fins lucrativos, sempre considerei a obra de Porter essencial para compreender o que acontece. Por que determinada empresa, em determinado mercado, está tendo sucesso ou enfrentando dificuldade? Por que uma organização se contenta com um desempenho insatisfatório? Ela poderia fazer melhor; deveria fazer melhor. O que está errado? Muitas das estratégias que vi darem certo nos últimos 30 anos baseiam-se – conscientemente ou não – nos fundamentos criados por Porter.

No início da década de 1990, tornei-me editora de estratégia da *Harvard Business Review* (HBR), que tem em Porter um autor destacado. Ele costumava trabalhar com editores que atuavam nos setores acadêmico ou editorial; minha experiência no mundo dos negócios adicionou outra dimensão. Eu conhecia a teoria e, como editora de estratégia da HBR, envolvi-me com as mentes mais brilhantes da área. Por outro lado, também compreendia os desafios que os executivos enfrentam no mundo real e incorporei essa perspectiva aos projetos.

Entre eles, estavam alguns dos artigos mais influentes de Porter para a HBR, dois dos quais são muito relevantes para este livro: "What is Strategy?" (1996), um dos artigos mais citados e procurados da HBR de todos os tempos, e "The Five Competitive Forces That Shape Strategy" (2008), uma atualização importante do clássico que tornou Porter famoso. Também colaborei com ele em diversos artigos, livros, textos opinativos e palestras, enquanto ele se dedicava a uma vasta gama de tópicos correntes: a concorrência no setor de saúde, a sustentabilidade ambiental, o potencial de negócios dos centros urbanos, a dinâmica competitiva local em contraste com a global, o sucesso e o insucesso das empresas japonesas e o papel da liderança na estratégia.

Minha colaboração com Porter continuou depois que saí da HBR para escrever um livro sobre a difícil atividade de um gerente geral (*What Management Is*, *O que é a gestão**). Então, Porter me convidou para participar como associada sênior do Institute for Strategy and Competitiveness (ISC), ligado à Harvard Business School, com isso mantendo um relacionamento de trabalho iniciado há quase duas décadas. Que fique bem claro que não sou funcionária nem dependo de apoio financeiro substancial de Porter. Meu enorme respeito por seu trabalho reside genuinamente em seus méritos.

O GRANDE SALTO

Como os leitores de livros de negócios bem sabem, gurus de administração vão e vêm com alarmante frequência. Por que, então, a obra de Porter perdura? O que torna seu trabalho tão diferente e tão importante? Porter é um desses raros intelectuais que, com sucesso, transpõem a linha divisória entre a teoria econômica e a prática empresarial.

---

* Edição em português: Actual, 1. ed., Portugal, 2003. (N. E.)

É conhecida a piada em que um economista diz para outro: "Sem dúvida, funciona na realidade. Mas vai funcionar na teoria?". A obra de Porter perdura – e é tão amplamente citada e usada – porque funciona nos dois domínios: teórico e prático.

Transpor a linha divisória é uma metáfora apropriada para a carreira de Porter. Imaginemos esta cena: a Harvard Business School (HBS) situa-se majestosamente às margens do rio Charles, do lado de Boston. O louvado departamento de economia da Harvard University está "na outra margem do rio", no lado mais tradicionalmente intelectual de Cambridge. A travessia do rio leva apenas alguns minutos pela ponte para pedestres. No entanto, no início da década de 1970, como um jovem estudante que primeiro obtém o título de mestre em administração de empresas em um lado do rio e, depois, o de doutor no outro lado, Michael Porter enfrentou um divisor intelectual aparentemente intransitável. A bem da verdade, nenhum lado tinha muita utilidade para o outro.

Em retrospectiva, eis como ele descreve isso: "A tradição de pesquisa da HBS via a empresa como uma entidade incrivelmente complexa. Milhares de fatores eram relevantes. Cada situação é única, pois consiste em indivíduos diferentes, mercados diferentes, produtos diferentes. Portanto, a maneira de estudar administração era por meio de casos detalhados e pesquisa de campo... A tradição da economia é completamente distinta. Na economia, modela-se um fenômeno. Esse modelo... não tenta reproduzir o fenômeno ou captá-lo completamente. Os modelos econômicos abstraem a essência do fenômeno e o representam matematicamente".

Formado nas duas "escolas", Porter sentiu que nenhuma delas explicava adequadamente o que acontece no cenário competitivo. Os estudos de caso captavam as complexidades de uma situação individual, mas, com isso, perdiam a visão do todo. Não havia como generalizar. Nenhum referencial para analisar os setores. Nenhuma visão abrangente dos custos. A modelagem econômica ia muito longe na direção oposta. Como os modelos formais só conseguiam captar aqueles aspectos da competição que podiam ser solucionados matematicamente, eles reduziam a riqueza e a multidimensionalidade do processo a uma abstração que se distanciava demais da realidade para ser útil. Por exemplo, os modelos dos economistas "simplificavam" a competição, assumindo que toda empresa era mais ou menos semelhante. Uma hipótese praticamente inútil para gestores!

Porter seguiu um caminho diferente, criando o que denomina "estruturas". Em suas próprias palavras: "Minhas estruturas fornecem um conjunto de relações lógicas que são realmente fundamentais. São como as leis da física: para ter maior lucratividade, é preciso ter um preço maior ou um custo menor. A concorrência setorial é condicionada por cinco forças. A empresa é um conjunto de atividades. E as estruturas fornecem relações básicas, fundamentais e, acredito, imutáveis acerca da 'questão' da competição".

Porter se valeu do que cada lado do rio tinha de melhor. Realizou um trabalho analítico, rico em dados, que testou e ampliou os conceitos de um campo da economia denominado *organização industrial* (OI). Também examinou com atenção literalmente centenas de casos, procurando extrair os elementos definidores da competição que seriam aplicáveis a todos os setores. Como ele explica, esses elementos tinham de ser intuitivos para os gerentes. Isto é, se uma dessas estruturas for apresentada a um gestor, ela "fará sentido" no contexto de seu setor.

Inicialmente, as estruturas de Porter enfrentaram críticas dos dois lados do rio, em especial dos colegas da Business School, que reclamaram que eram "muito abstratas". Embora seja difícil de imaginar isso hoje em dia, na época as perspectivas de carreira de Porter pareciam incertas. A primeira de suas estruturas – a das cinco forças –, atualmente ensinada nos mais respeitáveis cursos de administração de todo o mundo, foi um grande salto. E, como Porter se recorda: "Foi um salto muito desconfortável".

Mas foi decisivo. Em um campo onde supostos gurus e seus *best-sellers* vão e vêm, a obra de Porter resistiu ao teste do tempo. A todo momento, executivos de empresas são bombardeados com "ideias inovadoras", que pretendem explicar tudo, mas que, na realidade, geralmente são pertinentes a apenas algum fenômeno passageiro. Na melhor das hipóteses, são ferramentas com um tempo de vida útil, porém curto. Na pior, são modismos que levam a trajetórias destrutivas.

Em contraste, Porter se concentrou nos princípios atemporais. A teoria dele é geral, aplicável a todos os casos. No mundo de Porter, não há metáforas fáceis de lembrar: nada de oceanos azuis, nada de elefantes dançantes, nada de queijos que mudam de lugar. O que se obtém é um mapeamento claro e rigoroso entre a estratégia e o desempenho financeiro de uma empresa ou, no caso de organizações sem fins lucrativos, entre a estratégia e a eficácia em satisfazer determinado objetivo social.

Porter ocupa uma posição única. Entre os acadêmicos, é o mais citado nas áreas de economia e administração. Ao mesmo tempo, suas ideias são as mais utilizadas na prática por líderes empresariais e governamentais de todo o mundo. Suas estruturas tornaram-se o fundamento do campo da estratégia.

UM ROTEIRO CAPÍTULO POR CAPÍTULO

Apresento este roteiro de todos os capítulos como uma visão prévia do que está por vir. Este livro divide-se em duas partes: a primeira aborda a competição, enquanto a segunda, a estratégia.

PARTE I: O QUE É COMPETIÇÃO?

Na Parte I, começo com a competição pelo simples motivo de que, sem ela, não há necessidade de estratégia. A rivalidade competitiva é um processo implacável que combate a capacidade da empresa de identificar e manter uma vantagem. Na Parte I, faremos o importante trabalho preparatório para a estratégia, esclarecendo como a competição funciona e contestando os conceitos errôneos mais difundidos e desorientadores acerca da competição e da vantagem competitiva.

- **Capítulo 1 – Competição: a mentalidade correta.** Conceitos errôneos sobre o que é a competição e como esta funciona dão origem a erros em estratégia. Dentre eles, o mais comum é o de que o sucesso competitivo resulta de "ser o melhor". Essa mentalidade é altamente intuitiva. Também é autodestrutiva, levando a

uma corrida de soma zero ao fundo do poço. Somente competindo para ser inigualável uma organização alcança o desempenho sustentado, superior.
- **Capítulo 2 – As cinco forças: competindo por lucros.** Veremos que a competição é muito mais do que um confronto direto entre concorrentes que disputam uma venda. É uma luta abrangente por lucros, uma disputa acirrada pelo valor criado por um setor. A estrutura mais conhecida de Porter, a das cinco forças, ajuda a visualizar a competição por lucros que ocorre em cada setor. Toda avaliação sobre uma arena competitiva deve começar aqui. Não se trata de utilizar as cinco forças para proclamar um setor atraente ou não, embora esse erro de percepção seja comum. Em vez disso, a estrutura deve ser aplicada para obter *insights* acerca do desempenho de um setor e da própria empresa.
- **Capítulo 3 – Vantagem competitiva: a cadeia de valor e seus resultados financeiros.** Os gestores utilizam a expressão *vantagem competitiva* de modo tão liberal que ela passou a significar quase tudo em que uma organização acha que é boa. A definição de Porter é mais rigorosa, alicerçada em fundamentos econômicos. Devidamente entendida, a vantagem competitiva permite acompanhar a exata relação entre o valor que se cria, a forma como ele é criado (a cadeia de valor) e o desempenho resultante (lucros e perdas). A vantagem competitiva costuma ser tida como uma arma para derrotar os concorrentes. Para Porter, ela consiste fundamentalmente em criar valor e fazê-lo de um modo diferente do da concorrência. Dessa maneira, a vantagem competitiva trata de como a cadeia de valor de uma organização é diferente e seus resultados financeiros, melhores em comparação com a média do setor.

PARTE II: O QUE É ESTRATÉGIA?

A Parte II responde à pergunta: *o que é estratégia?* Qualquer plano ou programa pode ser chamado de estratégia, e é assim que a maioria das pessoas utiliza a palavra. No entanto, uma *boa* estratégia, aquela que resultará em desempenho econômico superior, é algo bem diferente. Em linhas gerais, a estratégia é o antídoto contra a competição. Especificamente, uma estratégia sólida deve passar por cinco testes básicos.

- **Capítulo 4 – Criação de valor: a essência.** O que significa demarcar uma posição competitiva distintiva? A resposta óbvia é a proposição de valor única que uma empresa oferece a seus clientes. Esse é, na verdade, o primeiro teste da estratégia. Por outro lado, o segundo teste de Porter não é óbvio nem intuitivo. Uma proposição de valor distintiva só se converterá em uma estratégia significativa se o melhor conjunto de atividades a serem oferecidas for diferente das atividades desempenhadas pela concorrência. A vantagem competitiva reside nas atividades, em escolher realizá-las de um modo diferente ou optar por atividades distintas das desempenhadas pelos concorrentes. Uma cadeia de valor feita sob medida é o segundo teste da estratégia.

- **Capítulo 5 – *Trade-offs*: o elemento decisivo.** O terceiro teste da estratégia talvez seja o mais difícil. Realizar *trade-offs*[*] significa aceitar limites: por exemplo, dizer não a alguns clientes para atender outros melhor. Os *trade-offs* surgem quando as escolhas são incompatíveis. Uma estratégia bem-sucedida atrairá imitadores, portanto escolhas difíceis de copiar são essenciais. Algumas pessoas, por sua vez, sustentam que as vantagens competitivas não podem mais ser sustentadas. Os *trade-offs* explicam por que isso não é verdade. Eles são os sustentáculos econômicos da estratégia por dois motivos. Primeiro, como fonte importante de diferenças de preços e custos entre os concorrentes. Segundo, porque é difícil um concorrente copiar uma estratégia sem comprometer a sua própria.

- **Capítulo 6 – Ajuste: o amplificador.** O quarto teste da estratégia é o ajuste, que se refere à maneira pela qual as atividades na cadeia de valor se inter-relacionam. Até certo ponto, a ideia

---

[*] Expressão que define uma situação em que há conflito de escolha. (N. T.)

do ajuste é completamente intuitiva. Todo gerente geral sabe da importância – e da dificuldade – de alinhar as diversas áreas funcionais necessárias para competir nos negócios. No entanto, o ajuste vai além do simples alinhamento, amplificando a vantagem competitiva e tornando-a mais sustentável. Seu papel na estratégia destaca mais um conceito errôneo bastante comum: o de que a vantagem competitiva pode ser explicada por uma *competência essencial*, a *única* coisa que uma organização faz realmente bem. Estratégias eficazes dependem da conexão entre *muitos* fatores, de escolhas *interdependentes*. Um conselho comumente dado aos gestores é o de que se concentrem nas atividades essenciais e terceirizem o restante. O ajuste desafia o senso comum.

- **Capítulo 7 – Continuidade: o capacitador.** A competição é dinâmica. Quem não se lembra de alguma empresa bem-sucedida que acabou quebrando por sua incapacidade de mudar? No entanto, a continuidade, por mais trivial que pareça, também é essencial. Embora a atenção recaia com mais frequência sobre as empresas que mudam pouco, o quinto teste de Porter trata de um erro semelhante, se não maior: as empresas podem mudar demais, e na direção errada. Leva tempo desenvolver uma vantagem competitiva real, entender o valor criado, alcançar a adequação, os *trade-offs* e os ajustes. A compreensão da função da continuidade na estratégia muda o pensamento acerca da própria mudança. De forma paradoxal, a continuidade da estratégia melhora a capacidade de adaptação e inovação de uma organização.
- **Epílogo: uma breve lista de implicações práticas.** Apresento uma lista sucinta de ideias que resumem o que vimos no livro e mostra como as ideias essenciais de Porter podem ser aplicadas na prática.

Além do corpo principal, o leitor encontrará mais do que as informações normalmente contidas no final de um livro:

- **Perguntas mais frequentes: uma entrevista com Michael Porter.** Em uma entrevista de leitura obrigatória, Michael Porter responde às perguntas acerca de competição e estratégia que os gestores lhe fazem com mais frequência. Entre elas, incluem-se: quais são os maiores obstáculos para a estratégia e os erros mais comuns cometidos pelas empresas? Como crescer sem minar a estratégia escolhida? Como encarar a ruptura e os novos modelos de negócio?

- **Glossário de Porter: conceitos-chave.** Contém descrições claras de conceitos-chave, além de sugestões de leitura para aqueles que quiserem aprofundar os tópicos essenciais abordados neste livro.

UMA NOTA DE ADVERTÊNCIA A RESPEITO DOS CASOS

Ao apresentar as estruturas de Porter, faço amplo uso de exemplos de empresas. Mas eles são uma faca de dois gumes. Por um lado, dão vida às ideias ao mostrar sua prática em organizações reais. Por outro lado, como na vida real, podem ficar rapidamente obsoletos. Mal o livro foi impresso ou disponibilizado pela internet, acontecimentos começaram a atropelar o exemplo. Foi o que ocorreu enquanto eu escrevia sobre o dilema competitivo de uma empresa, e ela entrou em processo de falência. Essa história foi mantida no livro, pois enfatiza meu ponto de vista. Mas, para constar, meu objetivo é transmitir princípios atemporais, ideias que se sustentem, ainda que os fatos do caso mudem. A competição é exigente. Até mesmo empresas excelentes cometem erros. Boas estratégias podem durar muito, mas não para sempre.

Então, surgiu a questão de quais fatos apresentar. Porter fez revisões sucessivas deste livro e ficava me pressionando por "mais números". Mas este não é um livro-texto. Para os leitores que buscam mais exercício analítico, vou sugerir algumas referências notáveis. No entanto, o argumento de Porter, sem dúvida importante, é que a estratégia requer pensamento claro, analítico. Não é difícil de entender, mas requer clareza mental. A quantificação induz à precisão. Dito isso, o argumento de ser "atropelado pelos acontecimentos" é especialmente pertinente quando se trata de dados referentes a empresas e mercados. No final das contas, espero ter inserido números suficientes para justificar a visão de Porter, sem contudo me atolar neles. Nos casos em que utilizei números precisos para refletir, por exemplo, a vantagem relativa de custos de uma empresa ou a quantidade de clientes atendidos por ela, é quase certo que, no momento em que este livro for lido, os dados terão mudado. Por que, então, apresentar números provavelmente inexatos? Para defender o ponto de vista de que a estratégia é – ou deveria ser – baseada em fatos. Amém.

PARTE I

O QUE É COMPETIÇÃO?

A estratégia explica como uma organização, diante da competição, alcançará um desempenho superior. Mas o que exatamente é a competição? Como ela funciona? O que os gestores precisam entender a respeito da natureza da competição e do sucesso competitivo? Qual é a definição correta de desempenho superior? Esta seção expõe os conceitos básicos.

Primeiro, a mentalidade correta. Frequentemente, os gestores pensam acerca da competição como uma forma de guerra, uma batalha de soma zero pelo domínio, em que só os alfas prevalecem. Isso, veremos no Capítulo 1, é um modo de pensar imperfeito e destrutivo. A chave para o sucesso competitivo – de organizações com e sem fins lucrativos – está na capacidade de criar valor único. A prescrição de Porter é: almeje ser inigualável, e não o melhor. A criação de valor, e não a derrota dos concorrentes, está no cerne da competição.

Segundo, a análise correta. Qual é a origem do desempenho superior? A resposta de Porter pode ser dividida em duas partes. A primeira delas é atribuível à *estrutura do setor* em que ocorre a competição. Esse é o assunto do Capítulo 2. Porter começa com o setor, pois competir para ser único é uma escolha feita em relação a um conjunto específico e pertinente de concorrentes e porque a estrutura do setor determina como se compartilha o valor criado. O modelo das cinco forças de Porter explica a estrutura do setor e a lucratividade que cada empresa pode esperar simplesmente pelo fato de estar "na média".

A segunda parte é atribuível à *posição relativa da empresa* dentro de seu setor. O posicionamento estratégico reflete a escolha de uma empresa pelo tipo de valor que criará e o modo como esse valor será criado. Nesse caso, a vantagem competitiva e a cadeia de valor são as estruturas pertinentes. No Capítulo 3, rastrearemos os vínculos entre a posição competitiva da empresa, sua cadeia de valor e seus resultados financeiros.

Essas estruturas fundamentais preparam o terreno para a estratégia: elas explicam por que há diferenças grandes e sustentáveis de lucratividade *entre* os setores e por que algumas empresas apresentam melhor desempenho do que outras *dentro* de um setor. Ter como base os fundamentos econômicos da competição é o alicerce da estratégia.

CAPÍTULO 1

COMPETIÇÃO:
A MENTALIDADE CORRETA

A estratégia é um dos conceitos mais temerários em negócios. Por quê? Embora a maioria dos gestores concorde que a estratégia é extremamente importante, quando se presta atenção no uso da palavra, logo se percebe que ela pode significar qualquer coisa. Os admiradores de Jack Welch, lendário CEO da GE, afirmam que suas estratégias consistem em ser o número 1 ou número 2 de seu ramo de atuação (ou vão sofrer as consequências!). Para o novo CEO de uma empresa listada entre as cem maiores da revista *Fortune*, a estratégia é "crescer". Para o executivo de uma empresa de energia, é "fazer aquisições-chave". Um programador de software afirma: "Nossa estratégia são nossos funcionários". Uma importante organização sem fins lucrativos almeja "dobrar a quantidade de pessoas que atendemos". Sem falar no famoso mantra do Google: *"Don't be evil"* [não faça o mal]. Isto é estratégia?

Quando chegarmos ao fim deste livro, ficará claro por que *nenhuma* das formulações anteriores se qualifica como uma "estratégia", a qual para Porter é uma forma abreviada de "uma *boa* estratégia competitiva que resultará em *desempenho superior sustentável*". Nenhuma dessas enunciações explica o que fará com que a organização em questão supere o desempenho dos concorrentes. Algumas explicam qual é o objetivo ou a aspiração e outras destacam as ações principais ou distinguem valores. Mas nenhuma delas realmente enfrenta a questão básica: *o desempenho diante da concorrência*. Que valor sua organização criará? E como ela captará parte desse valor para si mesma? Segundo Porter, essa é a tarefa da estratégia.

A estratégia explica como uma organização, diante da competição, alcançará um desempenho superior. Essa definição é enganosamente simples, em parte porque as palavras são tão familiares que é raro pararmos para pensar no que significam. Caso contrário, rapidamente perceberemos que esses termos são capciosos. O que é competição? Como ela funciona? Como as organizações "vencem"? O que exatamente significa *desempenho superior*?

> A estratégia explica como uma organização, diante da competição, alcançará um desempenho superior. Essa definição é enganosamente simples.

A maioria dos gestores se preocupa com a competição. Eles sabem que ela é difusa. Têm a sensação incômoda de que ela está em seu encalço. Estão cientes de que, para sobreviver, devem lidar com ela. E, na busca pelo sucesso, precisam identificar uma "vantagem competitiva", um termo raramente utilizado antes de Porter torná-lo conhecido. Entretanto, segundo ele, um dos motivos pelos quais diversas empresas fracassam em desenvolver boas estratégias é que as pessoas encarregadas de executá-las usam conceitos fundamentais equivocados acerca do que é a competição e de como ela funciona. Isso é decisivo porque, se não houver competição, não haverá necessidade nem de estratégia, nem de encontrar um modo de "vencer", de superar o desempenho dos concorrentes. Mas a competição está por toda parte, até mesmo nos assim chamados "nichos" de mercado atendidos principalmente por organizações sem fins lucrativos.

Nosso modo de ver a competição definirá as escolhas que fazemos acerca de como vamos competir. Terá impacto sobre nossa capacidade de avaliar essas escolhas de maneira crítica. Eis por que, antes mesmo que possamos falar de estratégia, precisamos abordar as questões da competição e da vantagem competitiva.

POR QUE NÃO O MELHOR?

Ao ser entrevistado no dia em que a "nova" General Motors abriu o capital em 2010, o CEO Dan Akerson afirmou que a empresa, então livre dos custos herdados, estava pronta para competir. "Que vença o melhor carro!", ele exclamou para os jornalistas. Pense na frequência com que ouvimos líderes de empresas motivando seus funcionários a serem "os melhores". Ou na frequência com que ouvimos o apelo para que uma empresa seja "a melhor do setor". As empresas proclamam com orgulho que fabricam os "melhores" produtos, prestam o "melhor" serviço e atraem os "melhores" talentos. Essas frases refletem uma crença subliminar sobre a natureza da competição que parece tão intuitivamente correta para a maioria das pessoas que quase nunca é examinada ou questionada. Para vencer, é óbvio que se deve ser o melhor. Ou não?

Michael Porter deu nome a essa síndrome: *competição para ser o melhor*. Para ele, essa é, sem dúvida, a maneira errada de pensar acerca da competição. Partir dessa ideia imperfeita de como a competição funciona é o caminho inevitável para uma estratégia imperfeita. E isso levará a um desempenho medíocre.

Para a maioria dos gestores, a competição consiste em disputar para ser o melhor. Essa crença é reforçada por metáforas inspiradas na guerra e nos esportes. Autores especializados em administração – e líderes que buscam inspirar as pessoas – são atraídos por essas metáforas porque são vívidas e envolventes. Elas proporcionam emoção, dramaticidade e importância à concorrência empresarial. Contudo, as metáforas podem ser capciosas. Embora realcem *elementos* que são *semelhantes* em duas coisas, nunca significam que uma coisa é *idêntica* a outra.

Na guerra, só pode haver um vencedor. A vitória requer que o inimigo seja enfraquecido ou destruído. No mundo dos negócios, porém, é possível vencer sem aniquilar os rivais. Há décadas, o Walmart é um vencedor no varejo de desconto, por exemplo, assim como a Target. Cada rede oferece um mix diferente e específico de mercadorias, visando atender a necessidades variadas dos clientes. O Walmart é o burro de carga das lojas de desconto, oferecendo "preço baixo todo dia". A Target é mais como um cavalo de picadeiro, atraindo clientes que querem "estilo" associado a preços baixos. Nos negócios, diversos vencedores podem prosperar e coexistir. A competição se concentra mais em satisfazer as necessidades dos clientes do que em destruir os concorrentes. Simplesmente, olhe ao redor. São tantas necessidades a atender que há diversas maneiras de vencer.

Da mesma forma, a analogia dos esportes é enganadora. Os atletas competem entre si para ver quem será coroado "o melhor". Eles se concentram em superar o desempenho dos rivais. Competem para ganhar. No entanto, nos esportes, há uma disputa com um conjunto de regras. Só pode haver um vencedor. A concorrência empresarial é mais complexa, ampla e multidimensional. Dentro de um setor, podem existir diversas disputas, não apenas uma, baseadas nos tipos de cliente e necessidade a serem atendidos. O McDonald's é um vencedor em *fast--food*, especificamente hambúrgueres servidos com rapidez. Por sua vez, o In-N-Out Burger faz sucesso com hambúrgueres que demoram mais a serem servidos. Seus clientes não se importam de esperar dez minutos ou mais (uma eternidade de acordo com o cronômetro do McDonald's) para saborear hambúrgueres de carne fresca não processada, preparados na hora e servidos em pães artesanais. Em vez de apostar uma corrida específica com um rival específico, como Porter diria, as empresas podem criar seu próprio campeonato.

É sempre difícil quebrar um hábito mental, mais ainda quando não nos damos conta dele. Esse é o problema com a mentalidade voltada para a *competição para ser o melhor*. Trata-se de um pensamento tácito, não um modelo explícito. A natureza da competição não é questionada. Mas, não deveria ser assim, segundo Porter. Na grande maioria dos negócios simplesmente não existe isso de "o melhor". Pense nisso por um momento. Há algo como o melhor dos carros? O melhor dos hambúrgueres? O melhor dos celulares?

> Na grande maioria dos negócios simplesmente não existe isso de "o melhor".

Imagine algo tão trivial quanto o ato de se sentar na área de embarque de um aeroporto. Você poderia achar que nesse caso existe "o melhor": assentos padronizados que sejam funcionais e duráveis. Bem, engano seu. Aeroportos distintos possuem necessidades distintas. Alguns querem que os passageiros façam compras enquanto aguardam o voo; não querem acomodação muito confortável. Outros precisam de flexibilidade para reconfigurar as áreas de embarque; não querem longas fileiras de cadeiras fixas. Muitos aeroportos têm de conter gastos. Para outros, porém, dinheiro não é problema. No Oriente Médio, eles são grandes compradores de designs de luxo. Aqueles que recebem um fluxo constante de refugiados deportados, por exemplo, valorizam assentos resistentes. A OMK, com sede em Londres, fabrica cadeiras que bem poderiam ser usadas em presídios, feitas no padrão mais elevado do setor e de poliuretano autovedante capaz de resistir a uma facada sem deixar vestígio. Lá se foi a ideia de que existe algo como o "melhor" assento de aeroporto.

Agora, vamos levar em consideração todos os setores da economia. Em quantos deles a ideia de "ser o melhor" faz sentido real? Na maioria dos setores, há muitos clientes distintos com necessidades distintas. O melhor hotel para um cliente não é o melhor para outro. A melhor experiência de vendas para um cliente não é a melhor para outro. Não há o melhor museu de arte, nem a melhor maneira de promover a sustentabilidade ambiental.

Tampouco existe o melhor absoluto quando se trata de desempenhar funções como produção, logística ou marketing. Para uma organização sem fins lucrativos, não há uma melhor maneira de arrecadar recursos ou atrair voluntários. O melhor sempre depende do que se almeja alcançar. Portanto, a primeira deficiência da *competição para ser o melhor* é que a organização que planejar ser a melhor imporá a si mesma um objetivo impossível.

Mas isso não é tudo. Se todos os concorrentes perseguirem a "melhor maneira" de competir, eles se encontrarão em rota de colisão. Todos no setor escutarão o mesmo conselho e seguirão a mesma prescrição. As empresas vão comparar as práticas e os produtos umas das outras (*veja o boxe* "Demonstração de superioridade não é estratégia"). A competição para ser o melhor leva inevitavelmente a uma competição destrutiva, de soma zero, que ninguém é capaz de vencer. Quando as ofertas de bens ou serviços convergem, o ganho de um torna-se a perda de outro. Essa é a essência da "soma zero". Eu ganharei apenas se você perder.

> Se todos os concorrentes perseguirem a "melhor maneira" de competir, eles se encontrarão em rota de colisão.

O setor de transporte aéreo de passageiros sofreu esse tipo de competição durante décadas. Se a American Airlines tentar conquistar novos clientes oferecendo refeições grátis no trajeto entre Nova York e Miami, a Delta será forçada a se igualar – piorando a situação das duas empresas. Ambas terão contraído custos adicionais, mas nenhuma delas poderá cobrar mais nem terá mais assentos ocupados. Cada vez que uma empresa faz um movimento, suas rivais rapidamente se igualam a ela. Quando todos perseguem o mesmo cliente, cada venda é disputada.

Para Porter, isso é *convergência competitiva*. Ao longo do tempo, os concorrentes começam a ficar parecidos, já que uma diferença após a outra é eliminada. Os clientes ficam somente com o preço como base para suas escolhas. Isso aconteceu com as companhias aéreas, em muitas categorias de produtos eletrônicos de consumo e nos computadores pessoais, com a notável exceção da Apple, a única grande empresa desse setor a seguir inabalável em seu próprio ritmo.

DEMONSTRAÇÃO DE SUPERIORIDADE NÃO É ESTRATÉGIA

O primeiro tiro do que se tornou conhecido como a "Guerra das Camas de Hotéis" foi disparado em 1999. Depois de um ano testando colchões, travesseiros e roupas de cama, além de um investimento de dezenas de milhões de dólares na iniciativa, o Westin Hotels and Resorts lançou a primeira cama de marca do setor, a Heavenly Bed, projetada sob encomenda. "Queríamos nos diferenciar da concorrência", explicou um executivo do Westin.

Previsivelmente, os concorrentes não tardaram em reagir, empilhando travesseiros e envolvendo os hóspedes em lençóis com mais e mais fios: o Hilton com sua Serenity Bed, o Marriott com a Revive Collection, o Hyatt com a Hyatt Grant Bed, o Radisson com a Sleep Number Bed e o Crowne Plaza com o Sleep Advantage Program.

Em 2006, a imprensa declarou que a guerra das camas tinha chegado ao fim, mas então cada concorrente já fizera grandes investimentos desenvolvendo, instalando e promovendo sua cama com marca própria. Hoje em dia, os hóspedes podem se deitar certos de que a "qualidade da cama" não se diferenciará entre os hotéis da categoria. Como é comum acontecer, a tentativa de uma empresa de ser "a melhor" acaba elevando o padrão de todas. Não surpreende que, com essa visão de competição, a lucratividade de longo prazo no setor hoteleiro tenha se mantido cronicamente baixa; um tópico que analisaremos com mais detalhes no Capítulo 2.

Os relatórios são ambíguos em relação, nesse caso, à capacidade do setor de elevar os preços o suficiente para se beneficiar do investimento no aprimoramento das camas. Se não foi capaz, os clientes captaram o valor desse dispêndio. No entanto, mesmo que esse movimento específico tenha beneficiado o setor como um todo, quando os concorrentes envolvidos competem na mesma dimensão, ninguém conquista uma vantagem competitiva.

SEJA O NÚMERO 1 OU O NÚMERO 2

Seja o número 1 ou o número 2 em seu setor, ou caia fora. Este ultimato foi difundido pelo ex-CEO da GE, Jack Welch, mas não passa de uma versão da forma discutivelmente mais influente de competição para ser o melhor. Outra expressão para a mesma ideia é: "o vencedor leva tudo". Esse modelo sustenta que as empresas ganham mais ficando maiores e, no final das contas, dominando seus setores. Se o tamanho condiciona o sucesso competitivo, o crescimento é fundamental para alcançar participação no mercado e volume. As empresas perseguem economias de escala e escopo baseadas na crença de que essas dimensões são decisivas na determinação da vantagem competitiva e da lucratividade.

Naturalmente, há um resquício de verdade nesse pensamento, que é exatamente o que o torna tão perigoso. Existem economias de escala e vantagens em ser o maior em grande parte das atividades. Sem dúvida, esse era o caso em alguns negócios da GE que demandavam escala, na era Welch. No entanto, antes de alguém assumir que ser o maior é sempre melhor, deve processar os números de *seu* negócio. Com muita frequência, um objetivo é escolhido porque parece bom, sem levar em conta se a economia do negócio respalda a lógica. Em diversos setores, Porter observa que as economias de escala são exauridas ante uma parte relativamente pequena das vendas do setor. Não há nenhuma evidência sistemática a indicar que os líderes de um setor são as empresas mais lucrativas ou bem-sucedidas. Para citar um exemplo famoso, a General Motors foi a maior indústria automobilística do mundo durante décadas; um fato que não impediu sua queda até a bancarrota. Tendo em vista o tamanho, talvez fosse mais exato afirmar que a GM era grande demais para ter êxito. Enquanto isso, a BMW, pequena pelos padrões do setor, tem um histórico de retornos superiores. Na última década (de 2000 a 2009), seu retorno médio sobre o capital investido foi 50% maior do que a média do setor.

As empresas só têm de ser "grandes o suficiente", o que raramente significa que devam dominar. Frequentemente, ser "grande o suficiente" representa apenas 10% do mercado. Entretanto, as empresas sob a influência do pensamento do tipo "o vencedor leva tudo" tendem a perseguir as ilusórias vantagens de escala.

Agindo assim, tendem a prejudicar seu próprio desempenho, cortando preços para ganhar volume, ampliando-se em excesso para atender todos os segmentos do mercado e pagando um sobrepreço por fusões e aquisições. Nas últimas duas décadas, a indústria automobilística apresentou todas as tendências que acabamos de mencionar, com efeitos desastrosos.

O modelo do "vencedor leva tudo" pressupõe incorretamente que há uma curva de escala em determinado setor e que todas as empresas devem se deslocar para baixo nessa curva.* Isto é, supõe-se que todos os concorrentes estão competindo para oferecer o melhor bem ou serviço, universalmente. Na prática, a maioria dos setores apresenta diversas curvas de escala, cada uma visando atender a necessidades distintas.

Uma curva de escala mostra os custos de produção em função da quantidade total produzida. Uma curva de custo declinante significa que a empresa com o maior volume terá os menores custos unitários.

A inevitável derrocada rumo à competição por preços é o equivalente empresarial da destruição mutuamente assegurada. E não são somente os produtores que sofrem. Frequentemente, os clientes, os fornecedores e os funcionários são vítimas de danos colaterais, pois os concorrentes são pressionados por recursos e forçados a cortar custos. Se tudo o mais falhar, e a pressão sobre os preços minar a lucratividade do setor, muitas vezes a solução é limitar a competição mediante a consolidação. As empresas se fundem, reduzindo a quantidade de concorrentes e possibilitando que uma empresa ou um número reduzido delas domine o mercado.

MAS "O MELHOR" NÃO É BOM PARA OS CLIENTES?

Naquilo que a economia clássica denomina "competição perfeita", concorrentes em condições de igualdade vendem produtos equivalentes e disputam de igual para igual, fazendo baixar os preços (e os lucros). Para Porter, essa é a essência da competição para ser o melhor. De acordo com a teoria clássica, a competição perfeita é a maneira mais eficiente de promover o bem-estar social. A lição pregada pelo princípio Econ 101* é que aquilo que faz bem aos clientes (preços menores) faz mal às empresas (lucros menores), e vice-versa.

No entanto, Porter oferece uma visão mais nuançada e complexa do que realmente ocorre quando as empresas competem para ser a melhor. Os consumidores podem ser beneficiados por preços menores à medida que os concorrentes imitam e igualam as ofertas de bens ou serviços uns dos outros, mas também podem ser forçados a sacrificar a escolha. Quando um setor converge em torno de uma oferta-padrão, o cliente "médio" pode se dar bem. Entretanto, vale lembrar que as médias são compostas de alguns clientes que querem mais e de outros que querem menos. Em ambos os grupos, existirão pessoas que não serão bem atendidas pela média.

As necessidades de alguns clientes podem ser superestimadas por aquilo que é oferecido pelo setor. Em suma, o consumidor pagará mais por recursos desnecessários. Enquanto escrevo isso, não posso deixar de pensar em meu software de processamento de texto. Isso também se aplica à maioria dos eletrodomésticos em minha cozinha. Esses produtos se tornaram desnecessariamente complexos e têm recursos demais para minhas necessidades, embora eu seja escritora profissional e exímia cozinheira. À medida que ficam mais complexos, os produtos também se tornam mais suscetíveis a defeitos onerosos.

As necessidades de outros clientes podem ser mal atendidas. Pense em sua mais recente viagem de avião. Provavelmente, satisfez sua necessidade básica de chegar ao destino pretendido. Mas foi uma experiência agradável? Você mal pode esperar para viajar de avião de novo?

Quando a escolha é limitada, o valor costuma ser sacrificado. Como consumidor, você paga muito por extras que não quer, ou se vê forçado a se virar com o que é oferecido, mesmo que não seja realmente do que precisa.

Para as empresas, o cenário não é mais favorável. Com todas elas seguindo na mesma direção, é difícil permanecer na liderança durante muito

---

* Econ 101 é o nome dado ao curso básico introdutório de Economia nas universidades norte-americanas, e refere-se também a um estilo de gestão usado por pessoas que conhecem superficialmente a teoria econômica. Fonte: Joel Spolsky, "The Econ 101 Management Method", *Joel on Software*, ago. 2006. (N. E.)

tempo. A vantagem competitiva será temporária. As empresas se empenham, mas seus ganhos em qualidade e custos não são recompensados por uma lucratividade atraente. Pelo contrário, a lucratividade cronicamente insatisfatória solapa o investimento no futuro, tornando mais difícil aumentar o valor para os clientes ou combater a concorrência.

Na prática, portanto, a competição de igual para igual raramente é "perfeita", seja para os clientes, seja para as empresas que os atendem. No entanto, Porter observa com certa apreensão que é exatamente esse tipo de competição de soma zero que cada vez mais domina o pensamento gerencial.

COMPETIÇÃO PARA SER ÚNICO

Para Porter, a competição estratégica significa escolher um caminho diferente daquele tomado pelos outros. Em vez de competir para ser a melhor, as empresas podem – e devem – *competir para ser única*. Esse conceito trata de valor. Trata do caráter único do valor que se cria e de como ele é criado. Antes de 2008, por exemplo, quem quisesse ir de Madri para Barcelona poderia fazer uma viagem curta de avião ou passar a maior parte do dia viajando de carro ou em um trem lento. Cerca de 90% dos seis milhões de viajantes entre Madri e Barcelona escolhiam o avião. Em 2008, um serviço ferroviário de alta velocidade deu-lhes uma nova opção. Embora atualmente o bilhete do trem custe mais do que as passagens das companhias aéreas de baixo custo, houve uma queda drástica no volume de passageiros de avião nesse trajeto.

> A competição estratégica significa escolher um caminho diferente daquele tomado pelos outros.

Tanto o avião quanto o trem vão de Madri para Barcelona, mas o segundo oferece um tipo distinto de valor. O AVE (Alta Velocidade Española) permite que se viaje do centro de Madri para o centro de Barcelona em uma poltrona reclinável numerada, com energia elétrica para computador, comida e entretenimento. O passageiro pode dizer *adiós* às agruras da viagem aérea contemporânea: as revistas de segurança, as restrições de bagagem de mão, os atrasos inevitáveis. E para as pessoas preocupadas com o meio ambiente, o AVE proporciona outro benefício: emissões de dióxido de carbono consideravelmente menores do que as de aviões ou carros. Esse conjunto de diferenças, esse caráter único, é a própria essência da vantagem competitiva; um tópico que analisaremos em profundidade nos próximos capítulos. Na Espanha, os executivos das companhias aéreas podem ter definido sua competição em relação a outras companhias aéreas. Mas os clientes que trocaram o meio de transporte não enxergam dessa maneira – e o valor é, em última análise, definido pelos consumidores.

A competição para ser único reflete uma mentalidade distinta e um modo de pensar distinto a respeito da natureza da competição. Nesse caso, as empresas perseguem maneiras singulares de competir, visando ao atendimento de conjuntos diferentes de necessidades e clientes. O foco, em outras palavras, está em criar valor superior para um público-alvo selecionado, e não em imitar ou medir forças com a concorrência. Nesse ponto, visto que os consumidores dispõem de escolhas reais, o preço é apenas uma das variáveis competitivas. Algumas empresas, como a Vanguard ou a Ikea, terão estratégias que enfatizam o preço baixo. Outras, como a BMW, a Apple ou a Four Seasons, cobrarão um sobrepreço oferecendo recursos ou níveis de serviço diferenciados. Os clientes pagarão mais (ou menos), dependendo de como percebem o valor que lhes é oferecido.

A competição para ser único é diferente da guerra, já que o sucesso de uma empresa não requer o fracasso das rivais. É diferente da competição nos esportes, pois cada empresa pode inventar seu próprio jogo. Uma analogia melhor do que a guerra ou os esportes talvez seja as artes cênicas. Podem existir muitos cantores ou atores de talento – cada um importante e bem-sucedido a seu modo. Cada um encontra e cria um público. Quanto melhores são os intérpretes, mais o público cresce e a arte floresce. Esse tipo de criação de valor é a essência da competição de soma positiva.

Enquanto a competição de soma zero é apropriadamente descrita como uma corrida ao fundo do poço, a competição de soma positiva produz resultados melhores. Evidentemente, nem toda empresa terá êxito. A competição extirpará os participantes com desempenho inferior. No entanto, as empresas que realizam um bom trabalho podem obter retornos sustentáveis, pois criam mais valor; as organizações sem fins lucrativos podem fazer mais o bem, pois satisfazem as necessidades de modo mais eficaz e eficiente. Além disso, os clientes podem escolher realmente como suas necessidades serão atendidas. A competição para ser o melhor se alimenta da imitação. A competição para ser único prospera com a inovação.

A *competição* é um substantivo singular. No entanto, Porter nos recorda que, na prática, a competição assume quase tantas formas quanto os setores existentes. Em um extremo, está a competição para ser o melhor. No outro, está o oposto, a competição para ser único. Um conhecido livro de administração, *Blue Ocean Strategy* (*A estratégia do oceano azul*)[*], utiliza a metáfora do oceano vermelho *versus* o azul para fazer uma distinção entre uma acirrada competição sangrenta e o mar azul transparente, onde, segundo o autor, a competição é irrelevante. Trata-se de um conceito duplamente errôneo que merece destaque. Primeiro, retrata Porter equivocadamente como defensor da sangrenta "estratégia do oceano vermelho", quando, na realidade, seu trabalho enfatiza o oposto. Segundo, a competição, devidamente entendida, nunca é irrelevante. A maioria dos setores de atividade existe entre os dois extremos descritos por Porter, exibindo elementos de ambos em graus variáveis. A prática propriamente dita sempre é mais desordenada do que as estruturas que nos ajudam a observar padrões importantes.

QUADRO 1.1 A MENTALIDADE CORRETA PARA A COMPETIÇÃO

Ser o melhor	Ser único
Ser o número 1.	Obter retornos maiores.
Foco na participação no mercado.	Foco nos lucros.
Atender o "melhor" cliente com o "melhor" produto.	Atender às diversas necessidades dos clientes-alvo.
Competir por meio da imitação.	Competir por meio da inovação.
SOMA ZERO Uma corrida que ninguém é capaz de ganhar.	SOMA POSITIVA Diversos vencedores, muitas competições.

[*] Edição brasileira: Campus, 20. ed., 2005. (N. E.)

Contudo, a distinção de Porter entre essas duas abordagens radicalmente diferentes a respeito da competição (veja *Quadro 1.1*) suscita um ponto crítico para os gestores. Não há nada predestinado ou predeterminado acerca do caminho que os setores tomam para a competição de soma zero ou soma positiva. Não há nada inerente ao setor – seja de alta tecnologia ou não, seja de serviço ou industrial – que determine seu destino. Alguns setores realmente enfrentam desafios mais duros do que outros, mas as trajetórias que os setores seguem também são resultado das escolhas – escolhas estratégicas – que os gestores fazem sobre o modo como vão competir. As más escolhas desencadeiam uma corrida ao fundo do poço. As escolhas acertadas fomentam a competição, a inovação e o crescimento saudáveis.

A obra de Porter ensina que a competição para ser único pode tornar a vida melhor em quase todos os campos do empreendimento humano, mas só se os gestores compreenderem que suas escolhas influenciarão o tipo de competição a prevalecer em seus setores de atuação. São escolhas que incorporam riscos extremamente altos.

Dada a complexidade da tarefa do gestor, é compreensível que tantos deles estejam ávidos por simplificação – uma receita simples para o sucesso. É o *fast-food* do pensamento empresarial. Deve-se, porém, tomar cuidado com aquele que prega uma só maneira de vencer. Na visão de Porter, se houvesse somente um meio eficaz de competir, muitas empresas, se não todas elas, a adotariam. A competição terminaria em empate, na melhor das hipóteses, ou em destruição mútua, na pior. Em vez disso, a competição é multidimensional, e a estratégia consiste em fazer escolhas entre *diversas* dimensões, e não apenas em *uma*. Não há uma única prescrição acerca das escolhas a fazer que seja válida para todas as empresas, em todos os setores.

Felizmente, porém, isso não significa que a estratégia é um vale-tudo intelectual. Pelo contrário, há princípios subjacentes que podem ser utilizados para analisar qualquer situação competitiva e determinar quais escolhas fazem sentido. Esses princípios econômicos universais serão abordados nos próximos dois capítulos, quando analisaremos a fundo as raízes do desempenho superior.

Por que algumas empresas são mais lucrativas do que outras? Essa é a grande questão da qual vamos nos ocupar. A resposta é composta de duas partes. A primeira é que as empresas se beneficiam da estrutura de seu setor (ou são prejudicadas por ela). Em segundo lugar, a posição relativa de uma empresa dentro de seu setor pode ser responsável por uma parte maior da diferença existente. Os capítulos 2 e 3 seguem essa lógica dividida em duas partes. A compreensão do papel da estrutura setorial na competição é o tópico do próximo capítulo.

CAPÍTULO 2

AS CINCO FORÇAS:
COMPETINDO POR LUCROS

No primeiro capítulo, tratamos de um dos conceitos errôneos mais difundidos acerca de competição: a ideia de que o sucesso resulta de "ser o melhor". Aqui, desvendaremos outro grande equívoco. A maioria das pessoas considera a competição uma disputa direta entre rivais. Essa é a definição-padrão que encontramos. A Apple quer vender o iPhone. A Research In Motion promove seu aparelho, o BlackBerry. Esses dois concorrentes diretos se envolvem em uma disputa para dominar o mercado de *smartphones*. Da mesma forma, a Yamaha compete com a Steinway para nos vender um piano; a BMW com a Audi para vender um carro; e o Hyatt com o Westin para oferecer um quarto de hotel.

Contudo, esse modo de pensar a respeito da competição é muito limitado. A questão real da competição não é superar os rivais. Nem conquistar uma venda. Trata-se de obter lucro. Competir por lucros é algo mais complexo. É uma luta que envolve diversos competidores, não apenas concorrentes, para definir quem vai captar o valor criado por um setor. É evidente que as empresas competem por lucros com seus rivais. Mas também estão engajadas em uma batalha por lucros com seus clientes, que sempre preferem pagar menos e obter mais. Competem, ainda, com seus fornecedores, que sempre preferem receber mais e entregar menos. E competem com fabricantes de bens ou prestadores de serviços que podem, se necessário, ser substituídos. Por fim, competem com concorrentes em potencial e também com os existentes, pois até mesmo a ameaça de novos entrantes impõe limites a quanto podem cobrar de seus clientes.

> A questão real da competição não é superar os rivais. Trata-se de obter lucro.

Essas cinco forças — a intensidade da rivalidade entre os competidores existentes, o poder de negociação dos compradores (os clientes do setor), o poder de negociação dos fornecedores, a ameaça dos substitutos e a ameaça de novos entrantes — determinam a *estrutura* do setor, um conceito importante que pode parecer acadêmico, mas não é (*veja Figura 2.1*). Se você observar uma construção, qualquer que seja — uma casa, uma igreja, um depósito —, sua estrutura lhe dará imediatamente informações importantes sobre seu uso, como a construção "funciona", como cria abrigo ao confinar o espaço. A estrutura é determinada por elementos comuns a todas as construções: a fundação, as paredes, o telhado. Da mesma forma, obtém-se informações importantes acerca de um setor observando-se sua estrutura. A configuração específica das cinco forças de Porter revela instantaneamente como um setor "funciona", como ele cria e compartilha valor. Explica a lucratividade do setor.

Os resultados da pesquisa de Porter sobre a relação entre a estrutura do setor e a lucratividade desafiam diversos conceitos errôneos amplamente difundidos. Na realidade, Porter descobriu que:

- Primeiro, por mais diferentes entre si que os setores possam parecer na superfície, as mesmas forças estão em ação em seu interior. Desde a propaganda até a fabricação de zíper (e cada setor intermediário), as mesmas cinco forças se aplicam, embora suas forças e importâncias relativas possam diferir.

FIGURA 2.1 ESTRUTURA DO SETOR: AS CINCO FORÇAS

Fonte: PORTER, Michael. "The Five Competitive Forces That Shape Strategy", *Harvard Business Review*, jan. 2008, p. 78-93. Copyright © 2008 de Harvard Business Publishing.

- Segundo, a estrutura do setor determina a lucratividade – não, como muitos pensam, se o setor tem baixo ou alto crescimento, é de alta tecnologia ou não, regulamentado ou não, de manufatura ou serviço. A estrutura sobrepuja essas outras categorias mais intuitivas.
- Terceiro, a estrutura do setor é surpreendentemente arraigada. Apesar da noção prevalecente de que os negócios mudam com incrível rapidez, Porter descobriu que a estrutura do setor – assim que ele supera sua fase emergente, pré-estrutural – tende a ser bastante estável ao longo do tempo. Novos produtos vão e vêm. Novas tecnologias vão e vêm. As coisas mudam o tempo todo. Mas a mudança *estrutural* – e, portanto, a mudança da lucratividade média de um setor – geralmente perdura.

ESTRUTURA DO SETOR: UMA FERRAMENTA MAIS PODEROSA

Para qualquer organização em via de avaliar ou formular uma estratégia, a estrutura das cinco forças é o ponto de partida. Vale lembrar que a estratégia explica como uma organização, diante da competição, alcançará desempenho superior. A estrutura das cinco forças concentra a atenção na *competição a ser enfrentada* e fornece os parâmetros para medir o desempenho *superior*. Ela explica os preços e custos médios do setor e, portanto, a lucratividade média a ser superada. Antes de entender o próprio desempenho (corrente e potencial), são necessários *insights* a respeito dos fundamentos econômicos do setor.

> A estrutura das cinco forças explica os preços e custos médios do setor e, portanto, a lucratividade média a ser superada.

A análise das cinco forças responde à pergunta-chave: o que está acontecendo em determinado setor? Entre as muitas ocorrências identificadas, qual tem importância para a competição? Qual merece atenção? Antes de Porter, a estrutura prevalecente para analisar o ambiente era denominada SWOT, abreviação de *strenghts* (forças), *weaknesses* (fraquezas), *opportunities* (oportunidades) e *threats* (ameaças). Seu objetivo era correto – relacionar a empresa com seu ambiente –, mas a ferramenta, fraca. Quem já fez essa análise, entende o que quero dizer. A falta de princípios econômicos coerentes subjacentes ao SWOT gera listas aleatórias de itens sob cada um dos quatro tópicos, dependendo de quem está na sala e quais assuntos têm mais destaque naquela manhã.

Embora ainda seja utilizado em alguns casos, o modelo SWOT é tendencioso (em minha experiência, muito expressivamente), confirmando as crenças consagradas dos gestores, sejam elas baseadas em sólidos fundamentos econômicos, sejam elas baseadas na agenda pessoal do executivo. (Imagine a grande aquisição inserida na lista de "oportunidades" porque o executivo em questão trabalhou na empresa visada e chegou a hora do retorno financeiro, ou talvez a transação dê ao executivo um bônus considerável no fim do ano. Tendenciosidades desse tipo são muito comuns na prática.)

A estrutura do setor é uma ferramenta exponencialmente mais poderosa e objetiva para o entendimento da dinâmica da competição. Sistemática, reduz as chances de negligenciar algo importante. É (ou deveria ser) construída sobre fatos e análises, não uma mera lista com marcadores. Portanto, está menos propensa a resultar em um reprocessamento de antigas agendas e mais propensa a ensinar algo novo. Os fundamentos econômicos da competição são tratados de modo a ressaltar como as forças externas restringem ou criam oportunidades estratégicas para uma empresa.

AVALIANDO AS CINCO FORÇAS

Cada uma das cinco forças possui uma relação clara, direta e previsível com a lucratividade do setor. Eis a regra geral: quanto mais poderosa a força, mais pressão ela exerce sobre preços ou custos, ou ambos, e, portanto, menos atraente é o setor para os nele estabelecidos. (Lembrete: a estrutura do setor costuma ser analisada da perspectiva das empresas já no setor. Uma vez que os possíveis entrantes precisam superar as barreiras de entrada, isso explica por que um setor pode ser "atraente" para os competidores estabelecidos e, ao mesmo tempo, não atrativo para os novos.)

Após descrever uma força, indicarei como cada empresa pode avaliar a sua. Os diversos exemplos citados atendem a dois objetivos: ilustram a força analisada e, ao mesmo tempo, dão a noção de como organizações específicas responderam às forças mais relevantes de seu setor. As pessoas perguntam o tempo todo: "Como as empresas utilizam essa estrutura?". Por definição, toda empresa bem-sucedida se posiciona favoravelmente em relação às forças de maior importância em seu setor. No entanto, quero enfatizar que um dos grandes exercícios esclarecedores da abordagem de Porter é forçar o gestor a pensar claramente sobre a estrutura de seu setor. Deve-se começar por aí, para depois avaliar a própria posição e as posições relativas dos concorrentes no setor.

A EQUAÇÃO FUNDAMENTAL: LUCRO = PREÇO − CUSTO

A competição empresarial consiste, essencialmente, na busca por lucros, ou seja, em uma disputa acirrada sobre quem vai captar o valor criado por um setor. Apesar da complexidade e multidimensionalidade da competição em geral, a matemática da lucratividade é simples. Porter alerta para o foco no objetivo maior – o lucro – e em seus dois componentes: preço e custo.

Margem de lucro unitária = Preço − Custo

Os custos incluem *todos* os recursos utilizados na competição, incluindo os de capital. São os recursos que o setor transforma para criar valor. Os preços refletem como os clientes avaliam as ofertas de bens ou serviços do setor, o que eles estão dispostos a pagar quando ponderam as alternativas.

Observe-se que, se um setor não criar muito valor para seus clientes, os preços mal cobrirão os custos. Se o setor criar muito valor, então a estrutura se tornará decisiva no entendimento de quem consegue captá-lo. Os setores podem criar, e muitas vezes o fazem, muito valor para seus clientes ou fornecedores, embora as empresas em si ganhem pouco por seus esforços.

O poder relativo das cinco forças e sua configuração específica determinam o lucro potencial de dado setor, pois impactam diretamente seus preços e custos. Eis como cada força atua.

A FORÇA		O IMPACTO			O PORQUÊ
SE ameaça de entrada	↑	Lucratividade	↓	porque	(Preços ↓ Custos ↑)
SE poder do fornecedor	↑	Lucratividade	↓	porque	(Custos ↑)
SE poder do comprador	↑	Lucratividade	↓	porque	(Preços ↓ Custos ↑)
SE substitutos	↑	Lucratividade	↓	porque	(Preços ↓ Custos ↑)
SE rivalidade	↑	Lucratividade	↓	porque	(Preços ↓ Custos ↑)

COMPRADORES

Se houver compradores poderosos (isto é, clientes), eles utilizarão a influência que têm para forçar a queda de preços. Também poderão exigir que mais valor seja adicionado ao bem ou serviço. Em ambos os casos, a lucratividade do setor será menor, pois os clientes vão captar uma maior quantidade de valor para si mesmos.

> Compradores poderosos vão forçar a queda de preços ou exigir mais valor no produto, assim capturando uma quantidade maior de valor para si mesmos.

Vamos analisar a indústria de cimento. Nos Estados Unidos, grandes e poderosas empresas de construção civil são responsáveis por uma elevada porcentagem das vendas desse setor. Elas usam sua influência para obter preços baixos, minando o lucro potencial do setor. Se cruzarmos a fronteira para o México, 85% das receitas da indústria de cimento vêm de milhares de clientes pequenos. Conhecidos como "formigas", eles são atendidos por um número reduzido de grandes fabricantes. Esse desequilíbrio no poder de negociação entre pequenos e fragmentados compradores e um número reduzido de grandes vendedores é um elemento determinante da estrutura da indústria de cimento mexicana. O poder de mercado permite que os fabricantes cobrem preços maiores e obtenham retornos maiores.

É previsível, portanto, que a Cemex, importante fabricante de cimento nos dois países, obtenha retornos maiores no México, e não porque cria mais valor no mercado doméstico. Na realidade, a Cemex está competindo em setores distintos, cada um com sua própria estrutura. (O boxe "Etapas características da análise de um setor" apresentado posteriormente neste capítulo destaca a importância estratégica de definir os limites de um negócio.)

Quando se avalia o poder do comprador, os canais de distribuição dos produtos podem ser tão importantes quanto os usuários finais. Isso se aplica em especial quando o canal influencia as decisões de compra dos clientes finais. Por exemplo, consultores de investimento detêm muito poder e as altas margens decorrentes desse poder. O surgimento de varejistas poderosos como Home Depot e Lowe's impôs enorme pressão sobre os fabricantes de materiais de construção residencial.

Em dado setor, podem existir segmentos de compradores com maior ou menor poder de negociação e maior ou menor sensibilidade a preço. Os compradores tenderão a exercer seu poder de negociação, se forem sensíveis a preço. Tantos os clientes industriais quanto os consumidores ficam propensos a se preocupar mais com os preços quando o que estão comprando é:

- Indiferenciado.
- Oneroso em relação a seus outros custos ou receitas.
- Irrelevante para seu desempenho.

Um contraexemplo que inclui essas três condições é a insensibilidade a preço dos grandes produtores de cinema quando compram ou alugam equipamentos de filmagem. Uma câmera, por exemplo, é um item altamente diferenciado. Seu preço é pequeno em relação a outros custos de produção, mas seu desempenho exerce grande impacto no sucesso do filme. Nesse caso, a qualidade sobrepuja o preço.

FORNECEDORES

Quando os fornecedores são poderosos, eles usam o poder de negociação para cobrar preços maiores ou exigir condições mais favoráveis. Em ambos os casos, a lucratividade do setor será menor, pois os fornecedores captarão uma quantidade maior de valor para si mesmos. Os fabricantes de microcomputadores lutaram durante muito tempo com o poder de mercado da Microsoft e da Intel. No segundo caso, a campanha Intel Inside promoveu a marca de um componente que talvez tivesse se tornado uma *commodity*.

> Os fornecedores poderosos vão cobrar preços maiores ou exigir condições mais favoráveis, reduzindo a lucratividade do setor.

Ao analisar o poder dos fornecedores, é preciso considerar todos os insumos adquiridos para compor um bem ou serviço, incluindo a força de trabalho (isto é, os funcionários). O poder de negociação de sindicatos fortes tem sido um estorvo permanente no setor da aviação comercial. Normas trabalhistas, como a de "recebimento e despacho", permitiam que somente mecânicos autorizados orientassem os aviões para as pontes de embarque e desembarque, ainda que operadores de bagagens ou outro pessoal de terra de menor salário fossem competentes para realizar essa tarefa. Os reparos eram realizados predominantemente à noite, mas essa norma exigia que mecânicos fossem programados 24 horas por dia, 7 dias por semana, e as companhias aéreas tinham de contratar muito mais deles do que o necessário para manutenção e reparo. Essa norma, atualmente revogada, era efetivamente um programa de criação de empregos para mecânicos bem pagos e um dreno de lucros para o setor da aviação comercial.

Como se avalia o poder de fornecedores e compradores? O mesmo conjunto de perguntas aplica-se a ambos, por isso, apresentarei uma lista em vez de duas. Tanto fornecedores quanto compradores tendem a ser poderosos quando:

- São grandes e concentrados em relação a um setor fragmentado (pense em um Golias contra muitos Davis). Que porcentagem das compras/vendas de um setor é representada por um fornecedor/comprador? Analise os dados e mapeie sua tendência. Qual seria o impacto de perder determinado fornecedor ou cliente? Os setores com custos fixos altos (por exemplo, equipamentos de telecomunicações e perfuração em alto-mar) são especialmente vulneráveis aos grandes compradores.
- O setor precisa mais deles do que eles do setor. Em alguns casos, podem não existir fornecedores alternativos, ao menos no curto prazo. Médicos e pilotos de avião, para citar dois exemplos, têm exercido historicamente grande poder de negociação por suas habilidades tão essenciais quanto escassas. A China produz 95% da oferta mundial de neodímio, um metal do grupo terra rara que a Toyota e outros fabricantes de automóveis utilizam em motores

elétricos. Os preços do neodímio quadruplicaram em apenas um ano (2010), pois os chineses restringiram a oferta. A Toyota está se empenhando para desenvolver um novo motor que acabe com sua dependência desse tipo de metal.

- Os custos de transferência trabalham em seu favor. Isso ocorre quando um fornecedor está atrelado a um setor, como ficou a indústria de microcomputadores em relação à Microsoft, o provedor dominante de sistemas operacionais e softwares. Os custos de transferência funcionam em favor do comprador quando este pode facilmente substituir um fornecedor por outro. A facilidade com a qual os consumidores podem trocar uma companhia aérea por outra nas rotas mais procuradas impede que elas aumentem preços ou cortem níveis de serviço. Os programas de milhagem foram planejados para aumentar os custos de transferência, mas não surtiram o efeito desejado.
- A diferenciação atua em seu favor. Quando os compradores observam *pequena* diferenciação nos produtos do setor, eles têm o poder de colocar um fornecedor contra o outro. À medida que o microcomputador praticamente se tornou uma *commodity*, o poder do comprador cresceu. No entanto, os fornecedores do setor (Microsoft e Intel) são altamente diferenciados. Os fabricantes de computadores estão espremidos entre fornecedores e compradores igualmente poderosos.
- É plausível a ameaça de se integrarem verticalmente e passar a produzir um bem ou serviço do setor. Fabricantes de cerveja e refrigerante utilizaram essa tática para manter controle sobre os preços dos vasilhames.

SUBSTITUTOS

Os substitutos – bens ou serviços que atendem à mesma necessidade básica do produto de um setor, de uma forma diferente – impõem um limite à lucratividade setorial. Por exemplo, um software de declaração de imposto pode substituir um contador. Os substitutos fixam um teto para os preços que os concorrentes estabelecidos conseguem sustentar sem perder vendas. Durante décadas, a OPEP (Organização dos Países Exportadores de Petróleo) combateu o surgimento de substitutos, gerenciando cuidadosamente o preço do petróleo para desestimular o investimento em fontes alternativas de energia. Eis por que os ambientalistas defendem impostos maiores sobre a gasolina.

> Os substitutos – bens ou serviços que atendem à mesma necessidade básica do produto de um setor, de uma forma diferente – impõem um limite à lucratividade setorial.

Exatamente porque os substitutos não são concorrentes diretos, é comum surgirem de fontes inesperadas. Isso torna difícil prevê-los ou até percebê-los assim que aparecem. A ameaça de substituição é especialmente delicada quando desponta de modo remoto. Na próxima geração, por exemplo, os carros elétricos podem (ou não) se tornar um substituto significativo dos equipados com motores de combustão interna. Em caso afirmativo, isso terá um efeito cascata, provocando a substituição de diversas outras peças automotivas. Visto que as baterias adicionam peso ao veículo, a BMW está analisando a fibra de carbono como um substituto mais leve do aço utilizado nas carrocerias. As empresas que fabricam ou fazem manutenção de sistemas de transmissão e escapamento podem muito bem se tornar os fabricantes de carruagens para cavalos do século 21.

Como se avalia a ameaça de um substituto? Observe os fatores econômicos, especificamente se o substituto oferece uma compensação atraente entre preço e desempenho em relação ao produto do setor. A Redbox, da Coinstar – quiosque que oferece locação de filmes por apenas um dólar – tornou-se uma ameaça real à possibilidade de Hollywood vender DVDs por valores de vinte a quarenta vezes maiores. A Redbox é um *substituto* para a compra de vídeos e um *concorrente di-*

reto das locadoras, que não conseguem se igualar à conveniência ou ao baixo custo dos quiosques. (Nota: cerca de um mês depois que escrevi a última frase, a Blockbuster, outrora a locadora dominante, entrou com pedido de concordata.) Embora há muito tempo a locação fosse uma alternativa à compra de DVDs, a combinação da Redbox de preços muito baixos com conveniência sem dúvida atingiu o ponto ideal para os clientes.

Nem sempre o ponto ideal é a alternativa de menor preço. O trem de alta velocidade entre Madri e Barcelona é um substituto de maior valor e preço do avião. Os energéticos são um substituto mais caro do café. As duas bebidas são à base de cafeína, mas alguns consumidores pagam mais pela maior energia fornecida pelo substituto.

Os custos de transferência desempenham um papel significativo na substituição. Os substitutos ganham terreno quando os compradores se defrontam com custos de transferência baixos, o que é evidentemente o caso dos DVDs de filmes ou, para citar outro exemplo, da troca de um remédio de marca por um genérico. Dado que tomar café é um hábito tão profundamente arraigado, não surpreende que as bebidas energéticas sejam mais prontamente adotadas pelos jovens.

NOVOS ENTRANTES

As barreiras de entrada protegem um setor de novos competidores que adicionariam mais capacidade e procurariam ganhar participação no mercado. A ameaça de entrada afeta a lucratividade de duas maneiras. Limita os preços, para não tornar o setor atrativo a novos concorrentes. Ao mesmo tempo, os estabelecidos geralmente têm de gastar mais para satisfazer seus clientes. Isso desestimula novos entrantes, elevando a barreira que eles teriam de eliminar a fim de competir. Em um negócio como o varejo de café especial, por exemplo, onde as barreiras de entrada são baixas, a Starbucks deve investir constantemente na renovação de lojas e cardápios. Se fraquejar, efetivamente abrirá as portas para um novo rival entrar na briga.

> As barreiras de entrada protegem um setor de novos competidores que adicionariam mais capacidade.

Como se avalia a ameaça de novos entrantes? O que um competidor estabelecido poderá fazer para erguer barreiras à entrada? Aquele que estiver pensando em competir em um novo setor conseguirá superar as barreiras existentes? Há diversos tipos de barreira de entrada. As seguintes perguntas ajudam a identificar e avaliá-las.

- Produzir em volume maior traduz-se em custos unitários menores? Se houver *economias de escala*, em que volumes elas entrarão em operação? Os números têm importância. De onde vêm essas economias: da disseminação dos custos fixos sobre um volume maior? Do uso mais eficiente de tecnologias que são dependentes de escala? Do maior poder de negociação sobre os fornecedores? Custa cerca de 1 bilhão de dólares desenvolver um novo sistema operacional para um microcomputador; custos que são recuperados em questão de semanas quando se tem a escala da Microsoft.
- Os clientes ficam sujeitos a quaisquer *custos de transferência* ao mudar de um fornecedor para outro? Trocar um computador Macintosh por outro do tipo PC, ou vice-versa, custará muitas horas de configuração e reaprendizado. Uma vez que a Apple é o competidor de menor porte, com participação baixa no mercado, tem mais a ganhar ao atrair clientes da Microsoft para si. Por isso, a Apple investiu substancialmente na redução dos custos de transferência para os usuários de PC.
- O valor para os clientes aumenta quando mais deles utilizam o produto da empresa? (Isso é denominado *efeito de rede*.) Assim como nas economias de escala do lado da oferta, é preciso entender a origem do valor e sua dimensão. Às vezes, a estabilidade ou reputação percebida da empresa faz dela uma escolha "segura"; outras vezes, o valor pode vir do tamanho da rede, como no caso do Facebook.

- Qual é o preço de admissão para uma empresa ingressar no setor? Qual é o montante dos *investimentos de capital* e quem pode estar disposto e preparado a fazê-los? Os laboratórios do setor farmacêutico não precisam se preocupar muito com a ameaça de novos entrantes e, portanto, têm liberdade de aumentar preços, pois o setor, historicamente, exige grandes investimentos em P&D e marketing.
- Os competidores estabelecidos possuem vantagens não relacionadas com o tamanho e inacessíveis aos novos entrantes? Entre os exemplos, incluem-se tecnologia patenteada, marcas bem posicionadas, pontos privilegiados e acesso aos canais de distribuição. Este último pode ser uma barreira de entrada poderosa, especialmente se os canais de distribuição são limitados e as empresas estabelecidas do setor os bloquearam. Isso pode motivar os novos entrantes a criar canais próprios. Por exemplo, as novas companhias aéreas de baixo custo tiveram de vender passagens pela internet, pois os agentes de viagem tendiam a favorecer as já estabelecidas.
- A política governamental restringe ou impede a ação de novos entrantes? No estado de Massachusetts, licenças para vender vinho são muito difíceis de obter, limitando severamente a entrada de novos concorrentes. Regulamentações, políticas, patentes e subsídios também podem agir indiretamente, aumentando ou diminuindo outras barreiras de entrada.
- Que tipo de retaliação um possível entrante deve esperar, caso se decida a ingressar no setor? O setor é conhecido por dificultar a vida dos recém-chegados? O setor tem recursos para uma competição acirrada? Se o setor tem crescimento lento ou custos fixos elevados, os competidores estabelecidos deverão lutar com vigor para reter sua participação no mercado.

RIVALIDADE

Quando a rivalidade entre os competidores correntes for mais intensa, a lucratividade será menor. Os já estabelecidos vão exaurir na competição o valor que criam, ao repassá-lo aos compradores por meio de preços menores ou dissipá-lo nos custos maiores resultantes da concorrência. A rivalidade pode assumir diversas formas: competição por preço, propaganda, lançamento de produto e mais serviço ao cliente. A indústria farmacêutica, por exemplo, possui um histórico de competição intensa em P&D e marketing, mas procura evitar a competição por preço.

> Quando a rivalidade for mais intensa, as empresas vão exaurir na competição o valor que criam, ao repassá-lo aos compradores por meio de preços menores ou dissipá-lo nos custos maiores resultantes da concorrência.

Como se avalia a intensidade da rivalidade? Para Porter, ela tende a ser maior quando:

- O setor é composto de diversos competidores, ou se eles se assemelham em tamanho e poder. Frequentemente, um líder setorial consegue impor práticas que ajudam todo o setor.
- O crescimento lento provoca disputas por participação no mercado.
- Barreiras de saída elevadas impedem as empresas de deixarem o setor. Isso ocorre, por exemplo, se elas investiram em ativos especializados que não podem ser vendidos. Em geral, a capacidade ociosa prejudica a lucratividade do setor.
- Os rivais estão comprometidos de modo irracional com o negócio; isto é, o desempenho financeiro não representa um objetivo prioritário. Por exemplo, uma empresa estatal pode ser sustentada por orgulho nacional ou porque gera empregos. Ou, então, uma corporação pode achar que sua imagem requer uma linha de produtos completa.

Mas Porter adverte que a forma mais prejudicial de rivalidade é a competição por preço. Quanto mais a concorrência se basear em preço, mais uma empresa se envolverá na competição para ser a melhor. Isso é mais provável quando:

- É difícil distinguir entre bens ou serviços concorrentes (o problema da convergência competitiva que vimos no Capítulo 1) e os compradores possuem custos de transferência baixos. Isso costuma motivar os concorrentes a baixar preços para atrair clientes, uma prática que dominou a competição entre companhias aéreas por muitos anos.

- Os rivais possuem custos fixos altos e custos marginais baixos, criando pressão para baixar preços, pois qualquer novo cliente "contribuirá para cobrir os custos indiretos". Novamente, a essência da economia associada às companhias aéreas.
- A capacidade deve ser adicionada em grandes incrementos, abalando o equilíbrio entre oferta e demanda e levando a corte de preço para preencher a capacidade.
- O produto é perecível, um atributo que se aplica não só a frutas e moda mas também a uma vasta gama de bens e serviços que rapidamente se tornam obsoletos ou perdem valor. Uma mesa de restaurante, um assento em um voo ou um quarto de hotel que não seja ocupado é "perecível".

POR QUE SOMENTE CINCO FORÇAS?

A estrutura das cinco forças aplica-se a todos os setores pelo simples motivo de que abrange relações fundamentais para todo o comércio: aquelas entre compradores e vendedores, entre vendedores e fornecedores, entre vendedores concorrentes e entre oferta e demanda. Pense a respeito. Isso cobre todas as possibilidades. As cinco forças são universais e fundamentais.

> A estrutura das cinco forças aplica-se a todos os setores pelo simples motivo de que abrange relações fundamentais para todo o comércio.

Quando promovo discussões sobre estratégia entre gestores, geralmente lhes pergunto se conhecem a estrutura das cinco forças de Porter. A maioria conhece. Mas então acontece algo interessante. A conversa rapidamente deriva para uma competição de quem consegue nomeá-las.

Em geral, as pessoas só conseguem recordar três ou quatro. Também costumam inserir uma candidata que não é uma das cinco forças, mas que eles têm absoluta certeza de que deve ser, pelo simples motivo de que, em *seu* setor, esse fenômeno específico é muito pertinente ao sucesso.

Devo, então, salientar a grande ideia nesse caso. Memorizar as cinco forças não torna ninguém um expert em negócios; só faz parecer que é. O que importa é compreender a questão mais profunda: há um número limitado de forças *estruturais* em ação em cada setor, que *sistematicamente* impactam a *lucratividade* em uma *direção previsível*.

OFERTA E DEMANDA

Em algum momento da formação acadêmica, todos aprendem acerca da importância da oferta e demanda na determinação de preços. Em mercados perfeitos, o ajuste é muito sensível: quando a oferta aumenta, os preços caem imediatamente até atingirem um novo equilíbrio. Em uma competição perfeita, não há lucro, pois o preço sempre é reduzido até o custo marginal de produção. Mas, na prática, pouquíssimos mercados são "perfeitos". A estrutura das cinco forças de Porter oferece uma forma de pensar sistematicamente a respeito de mercados imperfeitos. Se existirem barreiras de entrada, por exemplo, a nova oferta não poderá simplesmente ingressar no mercado para satisfazer a demanda. O poder de fornecedores e compradores, por sua vez, terá consequências diretas sobre os preços. E assim por diante.

Outros fatores podem ser importantes, mas não são estruturais. Vejamos quatro deles que chamam mais a atenção:
- A *regulamentação governamental* será relevante à competição, se mudar a estrutura do setor ao impactar uma ou mais das cinco forças.
- O mesmo princípio aplica-se à *tecnologia*. Se a internet, por exemplo, tornar mais fácil para os clientes de um setor procurar o melhor preço, então a lucratividade do setor cairá, pois, nesse caso, a internet mudou a estrutura do setor ao aumentar o poder dos compradores.

- É comum os gestores suporem, equivocadamente, que um *setor de grande crescimento* será atraente. No entanto, o crescimento não é garantia de que um setor será lucrativo. Por exemplo, o crescimento pode colocar os fornecedores no controle dos acontecimentos ou, em combinação com barreiras de entrada baixas, ele pode atrair novos concorrentes. O crescimento em si não diz nada acerca do poder dos consumidores ou da disponibilidade de substitutos. Porter adverte que a suposição não comprovada de que um setor de rápido crescimento é "bom" muitas vezes conduz a decisões estratégicas ruins.
- Por fim, os *complementos são*, às vezes, propostos como a "sexta força". Trata-se de bens e serviços usados em conjunto com os produtos de um setor – por exemplo, hardware e software de computador. Os complementos podem afetar a demanda pelo produto de um setor (quem compraria um carro elétrico, se não tivesse onde carregar a bateria?), mas, como os outros fatores sob discussão – crescimento, governo e tecnologia –, prejudicam a lucratividade setorial por meio do impacto sobre as cinco forças.

FIGURA 2.2 COMO AS CINCO FORÇAS IMPACTAM A LUCRATIVIDADE

Então, dependendo do setor de atividade, compreender e gerenciar esses fatores pode ser importante para o sucesso nos negócios. No entanto, o impacto sobre a lucratividade setorial de "mais" de um desses fatores, ao contrário de "mais poder do comprador", não será sistemático, nem previsível. Algumas tecnologias podem aumentar custos e reduzir preços, diminuindo, assim, a lucratividade. Outras podem ter o efeito contrário. Ainda outras não exercerão nenhum impacto. O mesmo princípio aplica-se ao crescimento, ao governo e aos complementos. Se a força for estrutural, sempre será possível predizer que "mais" afetará preços ou custos em uma direção conhecida. Mais poder dos compradores invariavelmente leva os preços para baixo, não para cima. Mais poder dos fornecedores pressiona os custos para cima, não para baixo. A Figura 2.2 resume o impacto dominante de cada uma das cinco forças sobre a lucratividade.

IMPLICAÇÕES PARA A ESTRATÉGIA

O poder coletivo das cinco forças tem importância porque afeta preços, custos e o investimento necessário para competir. A estrutura determina como se divide o valor econômico criado por um setor – quanto é captado pelas empresas do setor em comparação com clientes, fornecedores, distribuidores, substitutos e possíveis novos entrantes. A estrutura setorial pode ser vinculada diretamente às demonstrações de resultados e aos balanços gerais de cada empresa do setor. Os *insights* obtidos com esse tipo de análise devem levar diretamente às decisões sobre onde e como competir.

Como utilizar a análise do setor? Examine dois exemplos representativos. Primeiro, o setor oferece a possibilidade de retornos atraentes? Em 2005, a IBM vendeu a divisão de microcomputadores para a Lenovo. Uma análise das cinco forças deixa imediatamente claro por que o negócio se tornou tão pouco atrativo que até mesmo seus competidores de maior destaque decidiram jogar a toalha. Seus dois fornecedores superpoderosos, a Microsoft e a Intel, captaram quase todo o valor criado pelo setor. E, à medida que o amadurecimento setorial ocorreu, o próprio computador tornou-se uma *commodity*, delegando mais poder aos consumidores. Como um micropadrão parecia tão bom quanto outro, os clientes podiam facilmente trocar de marca, em busca do melhor preço. A rivalidade entre os fabricantes se intensificava, como maior pressão sobre preços vindos dos emergentes asiáticos. Para completar, uma nova geração de possíveis substitutos estava nascendo – uma variedade de dispositivos móveis que tinham algumas das mesmas funcionalidades de um microcomputador.

ETAPAS CARACTERÍSTICAS DA ANÁLISE DE UM SETOR

1. **Defina o setor pertinente pelo escopo tanto do produto quanto geográfico.** O que está dentro, o que está fora? Essa etapa é mais enganosa do que a maioria das pessoas acredita; portanto, merece séria reflexão. As cinco forças ajudam a traçar os limites, evitando a armadilha comum de definir o setor de modo muito limitado ou muito amplo. A empresa está enfrentando os mesmos compradores, os mesmos fornecedores, as mesmas barreiras de entrada etc.? Porter oferece esta regra prática: onde há diferenças em mais de uma força, ou onde as diferenças em uma força qualquer são grandes, provavelmente se está lidando com setores distintos. Cada um demandará uma estratégia específica. Veja estes exemplos:
   - **Escopo do produto.** O óleo de motor usado em carros faz parte do mesmo setor daquele usado em motores de caminhão e estacionários? O óleo em si é semelhante, mas o de automóveis é divulgado por propaganda ao consumidor, vendido para clientes fragmentados por meio de canais poderosos e fabricado localmente para compensar os altos custos logísticos incorridos por embalagens pequenas. Os lubrificantes para caminhões e geradores de energia enfrentam uma estrutura setorial distinta – clientes e canais de venda diferentes, cadeias de fornecimento (*supply chain*) diferentes, e assim por diante. Da perspectiva estratégica, são setores distintos.

- **Escopo geográfico.** O setor de cimento é global ou nacional? Vamos retomar o exemplo da Cemex discutido anteriormente. Embora alguns elementos sejam os mesmos, os compradores são radicalmente diferentes nos Estados Unidos e no México. O escopo geográfico é nacional, não global, e a Cemex precisará de uma estratégia distinta para cada mercado.

2. **Identifique os competidores que constituem cada uma das cinco forças e, se apropriado, segmente-os em grupos.** Em que bases esses segmentos emergem?
3. **Avalie os fatores impulsionadores de cada força.** Quais são fortes? Quais são fracos? Por quê? Quanto mais rigorosa for sua análise, mais valiosos serão os resultados.
4. **Retroceda e avalie a estrutura geral do setor.** Que forças controlam a lucratividade? Nem todas são igualmente importantes. Analise a fundo as forças mais importantes do setor em questão. Os resultados obtidos são compatíveis com o nível de lucratividade do setor no cenário atual e no longo prazo? As empresas mais lucrativas estão mais bem posicionadas em relação às cinco forças?
5. **Analise mudanças recentes e as futuras mais prováveis para cada força.** Qual é a tendência delas? Olhando adiante, como os competidores ou os novos entrantes podem influenciar a estrutura do setor?
6. **Como você pode se posicionar em relação às cinco forças?** É possível achar uma posição onde as forças são mais fracas? É possível explorar a mudança do setor? É possível remodelar a estrutura a seu favor?

A análise das cinco forças costuma ser usada para determinar a "atratividade" de um setor, e isto é, sem dúvida, indispensável para empresas e investidores que avaliam se vão sair, entrar ou investir em um setor. Entretanto, aplicar a análise das cinco forças simplesmente para declarar um setor atraente ou não é subutilizar seu poder. Esse uso deixa escapar *insights* essenciais relativos às seguintes perguntas:

- Por que a lucratividade corrente do setor é essa? O que a está sustentando?
- O que está mudando? Como a lucratividade tende a se alterar?
- Que fatores limitantes devem ser superados para captar mais do valor criado?

Em outras palavras, uma adequada análise das cinco forças permite que se compreenda claramente a complexidade da competição, abrindo caminho para diversas ações possíveis de se empreender para melhorar o desempenho. Por mais desestimulante que o setor de microcomputadores seja para a maioria de seus competidores, a Apple parece ter achado uma maneira de ganhar dinheiro. Ao projetar seu próprio sistema operacional, ela nunca se sujeitou ao poder de fornecedor da Microsoft. Ao criar produtos diferenciados, limitou o poder do comprador. Os aficionados da Apple preferem pagar mais a trocar de marca.

Uma segunda pergunta representativa é: a empresa pode ser posicionada onde as forças são mais fracas? Vejamos a estratégia desenvolvida pela Paccar, fabricante de caminhões pesados. Trata-se de outro setor com uma estrutura nada convidativa:

- Há muitos compradores de grande porte e poder, que operam imensas frotas de caminhões; eles são sensíveis a preço porque os veículos representam uma grande parte de seus custos.
- A rivalidade baseia-se em preço porque (a) o setor exige muito capital, com períodos cíclicos de retração econômica, e (b) a maioria dos caminhões é fabricada de acordo com normas regulamentadas e, portanto, não há distinção aparente entre eles.
- Do lado do fornecedor, os sindicatos exercem poder considerável, assim como os grandes fornecedores independentes de motores e componentes do sistema de transmissão.
- Os compradores de caminhão enfrentam substitutos para seus serviços (o transporte ferroviário, por exemplo), o que limita seu preço.

Entre 1993 e 2007, o retorno sobre o capital investido (ROIC, na sigla em inglês, Return on Invested Capital) médio do setor foi de 10,5%. No entanto, no mesmo período, a Paccar, empresa que detém cerca de 20% do mercado norte-americano de caminhões pesados, obteve um retorno de 31,6%. Dentro desse difícil setor, a Paccar buscou posicionamento onde as forças são mais fracas. Seu público-alvo é o proprietário-condutor individual, isto é, aquele para quem o caminhão é o lar longe de casa. Esse cliente pagará mais pelo status conferido pelas marcas Kenworth e Peterbilt, da Paccar, e pela possibilidade de adicionar muitos opcionais customizados, tais como uma luxuosa cabine-leito ou sofisticados assentos de couro. Os produtos sob medida da Paccar são oferecidos com diversos serviços associados, que visam ao bem-estar do proprietário. Por exemplo, o programa de assistência rodoviária da empresa reduz o tempo de inatividade do veículo, fundamental para a produtividade do proprietário. Em um setor marcado pela competição por preço, a Paccar pode cobrar um sobrepreço de 10%.

A Paccar não tenta competir para ser o "melhor" fabricante de caminhões do setor. Se tentasse, correria atrás dos mesmos clientes com os mesmos produtos. Ficaria presa à competição por preço do setor, intensificando a rivalidade, o que, por sua vez, provocaria mais deterioração da estrutura setorial. Essa lição é pertinente a diversas empresas, em diversos setores: as escolhas feitas sobre como competir podem piorar uma situação que já é ruim.

Competir para ser única, satisfazendo necessidades distintas ou atendendo clientes distintos, permite que a Paccar aposte uma corrida diferente. As forças que afetam seus preços e custos são mais benignas. Segundo Porter, "A estratégia pode ser vista como a construção de defesas contra as forças competitivas ou a identificação de uma posição no setor onde as forças sejam mais fracas". Como o exemplo da Paccar ilustra, boas estratégias são como abrigos em uma tempestade. A análise das cinco forças serve como previsão do tempo.

A ESTRUTURA É DINÂMICA

Conforme algumas ou todas as forças mudam ao longo do tempo, a lucratividade do setor acompanha essa mudança. A estrutura do setor é dinâmica, e não estática, um argumento que Porter tem de repetir com frequência, pois persiste o conceito errôneo de que a estrutura e o posicionamento do setor são estáticos e, portanto, irrelevantes em um cenário de acelerada mudança. Visto que, como mencionei na introdução, muitos tomam conhecimento de Porter por vias indiretas, esse é um ponto que merece ser destacado. Então, repetindo: a estrutura do setor é dinâmica, e não estática. Quando se faz uma análise do setor, este é retratado em dado momento, mas também são avaliadas as tendências das cinco forças.

Ao longo do tempo, compradores ou fornecedores podem se tornar mais ou menos poderosos. Inovações tecnológicas ou gerenciais podem tornar uma nova entrada ou substituição mais ou menos provável. Escolhas feitas pelos gestores ou mudanças de regras podem afetar a intensidade da rivalidade. Em 1970, por exemplo, o Walmart não passava de um sinal insignificante em qualquer radar. Atualmente, como o comprador mais poderoso do mundo, é *a* força dominante em vários setores. No que deve ser um dos títulos de cargo mais honestos que já vi, o chefe de compras da empresa é chamado de "vice-presidente de poder de compra internacional". Para qualquer um que monitore as cinco forças, essa não foi uma ruptura súbita, que aconteceu da noite para o dia. Foi – para muitos setores que abastecem o Walmart – um choque de trens visto em câmera lenta. Houve muito tempo para se preparar, para escolher, para agir.

Em qualquer setor, sempre há mudanças. Quanto melhor sua compreensão da estrutura do setor, maior a probabilidade de uma organização localizar e explorar novos movimentos ou oportunidades estratégicas capazes de remodelar a estrutura do setor em seu favor. O desafio é discernir as mudanças que importam. A mudança que é realmente estratégica afeta as cinco forças.

AS CINCO FORÇAS: COMPETINDO POR LUCROS

- O sentido real da competição é obter lucro, e não subtrair negócios dos concorrentes. A competição nos negócios consiste em brigar por lucros, em ver quem consegue captar o valor criado pelo setor.

- As empresas competem por lucros com concorrentes diretos, mas também com clientes, fornecedores, possíveis novos entrantes e substitutos.
- O poder coletivo das cinco forças determina a lucratividade média do setor por meio do impacto sobre preços, custos e o investimento necessário para competir. Uma boa estratégia gera resultados financeiros melhores que o parâmetro médio do setor.
- A utilização da análise das cinco forças meramente para definir se um setor é atraente deixa escapar seu pleno poder como ferramenta gerencial. Visto que a estrutura do setor pode "explicar" as demonstrações de resultados e os balanços gerais de todas as empresas do setor, os *insights* obtidos disso devem levar diretamente a decisões sobre onde e como competir.
- A estrutura do setor é dinâmica, e não estática. A análise das cinco forças pode ajudar a antecipar e explorar a mudança estrutural.

Por que algumas empresas são mais lucrativas do que outras? Acabamos de concluir a primeira parte da resposta: a estrutura do setor explica parte da diferença. Agora, podemos seguir para a segunda parte. A posição relativa de uma empresa dentro de seu setor – o assunto do próximo capítulo – pode esclarecer mais essa diferença.

CAPÍTULO **3**

VANTAGEM COMPETITIVA:
A CADEIA DE VALOR E SEUS RESULTADOS FINANCEIROS

Nenhuma expressão é mais intimamente associada a Porter do que *vantagem competitiva*. Ela é mencionada o tempo todo nas empresas, mas raramente como Porter a concebeu. Utilizada imprecisamente, na maioria das vezes, passou a significar pouco mais do que qualquer coisa que uma organização acha que faz bem. Implicitamente, é a arma com a qual os gestores contam para vencer os concorrentes.

Com isso, erra-se o alvo de diversas maneiras importantes. Para Porter, a vantagem competitiva não consiste em derrotar concorrentes, mas sim em criar valor superior. Além disso, a expressão é concreta e específica. Ter vantagem competitiva real significa que, em comparação com a concorrência, um competidor opera com um custo menor, pode cobrar um sobrepreço ou ambos. Essas são as únicas formas de uma empresa superar outra em desempenho. Se for para a estratégia ter algum significado real, Porter afirma que ela deverá se vincular diretamente ao desempenho financeiro da empresa. Qualquer coisa diferente disso é conversa fiada.

> Ter vantagem competitiva real significa que, em comparação com a concorrência, um competidor opera com um custo menor, pode cobrar um sobrepreço ou ambos.

No capítulo anterior, vimos como as cinco forças moldam os resultados financeiros médios do setor. A estrutura setorial determina, então, o desempenho que qualquer empresa pode esperar apenas sendo um competidor "médio" do setor em que atua. A *vantagem competitiva* trata de desempenho superior. Neste capítulo, rastrearemos as raízes da vantagem competitiva até a cadeia de valor, outra estrutura-chave de Porter.

FUNDAMENTOS ECONÔMICOS

A vantagem competitiva é um conceito *relativo*. Trata-se de desempenho superior. O que exatamente isso significa? O laboratório farmacêutico Pharmacia & Upjohn teve um retorno médio sobre o capital investido aparentemente impressionante de 19,6% entre 1985 e 2002. No mesmo período, a siderúrgica Nucor obteve um retorno de cerca de 18%. São retornos comparáveis? Deve-se concluir que a Pharmacia & Upjohn teve uma estratégia superior?

De modo algum. Em relação ao setor siderúrgico, onde o retorno médio no período citado foi de apenas 6%, a Nucor teve um desempenho excelente. Em contraste, a Pharmacia & Upjohn ficou para trás em seu setor, no qual as empresas de melhor desempenho obtiveram um retorno superior a 30%. (Para obter uma explicação do motivo pelo qual Porter utiliza retorno sobre o capital, veja o boxe "Indicadores corretos e incorretos do sucesso competitivo".)

Em outras palavras, na avaliação da vantagem competitiva, os retornos devem ser medidos em relação a outras empresas do mesmo setor, a concorrentes que enfrentam um ambiente competitivo similar ou uma configuração análoga das cinco forças. O desempenho é medido de modo significativo somente em bases *negócio a negócio*, pois é onde as forças competitivas atuam e a vantagem competitiva é conquistada ou perdida. Apenas para manter nossa terminologia clara: para Porter, *estratégia* sempre significa "estratégia competitiva" dentro de um setor. A unidade de negócios, e não a empresa como um todo, é o nível estratégico central. A *estratégia corporativa* refere-se à lógica empresarial de uma empresa com múltiplos negócios. A distinção faz sentido. A pesquisa de Porter mostra que o retorno corporativo geral em uma corporação diversificada é mais bem entendido como a soma dos retornos de cada um de seus negócios. Embora a matriz corporativa possa contribuir com o desempenho (ou, como se sabe que acontece, depreciá-lo), as influências dominantes sobre a lucratividade são específicas de um setor.

QUADRO 3.1 A LÓGICA ANALÍTICA CORRETA: POR QUE ALGUMAS EMPRESAS SÃO MAIS LUCRATIVAS DO QUE OUTRAS?

O desempenho de uma empresa possui duas fontes:

	Estrutura do setor	Posição relativa
Estrutura de Porter	Cinco forças	Cadeia de valor
A análise enfoca	Fatores impulsionadores da lucratividade do setor	Diferenças nas atividades
A análise explica	Preço e custo médios do setor	Preço e custo relativos

Se a empresa possuir VANTAGEM COMPETITIVA, poderá sustentar preços relativos maiores e/ou custos relativos menores do que seus concorrentes em um setor.

INDICADORES CORRETOS E INCORRETOS DO SUCESSO COMPETITIVO

Qual é o objetivo correto de uma estratégia? Como medir o sucesso competitivo? Às vezes, Porter é criticado por não prestar suficiente atenção nas pessoas, no lado mais brando da administração. No entanto, ele é inflexível a respeito da importância de definir o objetivo correto; uma visão que não poderia ser mais centrada nas pessoas.

Como todo gestor sabe, os objetivos – e o modo como o desempenho é medido em relação a eles – exercem grande impacto sobre o modo como as pessoas se comportam nas organizações. Os objetivos afetam as escolhas feitas pelos gestores. Embora a psicologia gerencial nunca tenha sido o foco central da obra de Porter, esse *insight* sobre comportamento permeia seu pensamento. Comece com o objetivo errado – ou com aqueles definidos de maneira equivocada –, e você provavelmente acabará no lugar errado.

Para Porter, o desempenho deve ser definido de forma a refletir o objetivo econômico compartilhado por todas as organizações: produzir bens ou serviços cujos valores superem a soma dos custos de todos os insumos. Em outras palavras, as organizações devem utilizar os recursos de modo eficaz.

O indicador financeiro que melhor capta essa ideia é o ROIC (retorno sobre o capital investido, na sigla em inglês). Ele pondera os lucros gerados por uma empresa *versus* todos os fundos investidos nela, despesas operacionais e capital. O ROIC de longo prazo revela a eficácia com que uma empresa está utilizando seus recursos.* Também é, como Porter assinala, o único indicador que corresponde à natureza multidimensional da competição: criar valor para os clientes, lidar com os concorrentes e usar os recursos produtivamente. O ROIC integra todas as três dimensões. Somente se obtiver um bom retorno, uma empresa poderá satisfazer os clientes de maneira sustentável. Somente se utilizar os recursos de forma eficaz, ela poderá lidar com os concorrentes de maneira sustentável.

A lógica é clara e irrefutável. No entanto, quando as empresas escolhem seus objetivos – ou quando aceitam aqueles impostos pelos mercados financeiros –, essa lógica básica não costuma ser vista em nenhum lugar. Quando questiona por que tão poucas empresas são capazes de manter estratégias bem-sucedidas, Porter frequentemente aponta como culpado os objetivos imperfeitos:

* Observe que o horizonte temporal para avaliar o ROIC varia dependendo do ciclo de investimento característico do setor. Na indústria do alumínio, por exemplo, onde uma fundição pode levar oito anos para entrar em operação, o horizonte temporal apropriado deve ser o de uma década. Em contraste, de três a cinco anos é o período mais apropriado para diversos ramos de serviço. Em um negócio com pouco capital, outros indicadores de uso eficaz dos recursos podem ser requeridos. Por exemplo, uma firma de consultoria pode medir os retornos por sócio.

- O retorno sobre as vendas (ROS, na sigla em inglês) é utilizado amplamente, embora ignore o capital investido no negócio e, portanto, seja um indicador insatisfatório da eficácia com que os recursos foram aplicados.
- O crescimento é outro objetivo amplamente adotado, associado a seu análogo, a participação no mercado. Como o ROS, esses falham em computar o capital requerido para competir no setor. Com demasiada frequência, as empresas perseguem crescimentos não lucrativos, que nunca geram um retorno superior sobre o capital. Como Porter observa ironicamente quando conversa com gestores, a maioria das empresas poderia alcançar um rápido crescimento simplesmente cortando seus preços pela metade.
- O valor para o acionista, medido pelo preço das ações de uma empresa, tem-se provado um objetivo espetacularmente duvidoso; no entanto, permanece um poderoso condicionante do comportamento do executivo. Como Porter adverte, o preço das ações é um indicador significativo de valor econômico somente no longo prazo. (Para obter mais detalhes sobre esse assunto, veja os comentários de Porter na entrevista no final do livro.)

Herb Kelleher, ex-CEO da Southwest Airlines, observa que objetivos imperfeitos como esses levam a decisões perversas. "Participação no mercado não tem nada a ver com lucratividade", ele afirma. "A participação no mercado só indica que queremos ser grandes; não importa se ganharemos dinheiro com isso. Foi o que desencaminhou grande parte do setor da aviação comercial durante 15 anos, após a desregulamentação. Para obter 5% a mais do mercado, algumas companhias aéreas aumentaram seus custos em 25%. Trata-se de uma incoerência quando o objetivo é a lucratividade."

A solução de Porter para esse problema requer alguma coragem: a única maneira de saber se uma empresa está alcançando o objetivo derradeiro de criar valor econômico é ser brutalmente honesto acerca dos lucros reais obtidos e de todo capital comprometido no negócio. Então, a estratégia deve começar não só com o objetivo correto mas também com o compromisso de medir o desempenho de modo exato e honesto. Essa é uma tarefa de vulto, não porque seja tecnica-

> mente desafiadora, mas porque a tendência dominante nas organizações é fazer os resultados parecerem o melhor possível.
> A mesma lógica se aplica às organizações sem fins lucrativos. Ainda que atuem em um mundo sem preços de mercado e, portanto, sem lucros propriamente ditos, o indicador de desempenho deve ser o mesmo: essa organização utiliza os recursos de modo eficaz? Medir o desempenho no setor social não deixa de ser uma tarefa de vulto e que não é empreendida com a frequência ou o rigor necessários.

Se uma empresa tiver vantagem competitiva, sua lucratividade será sustentavelmente maior do que a média do setor (*veja Quadro 3.1*). Ela poderá obter um preço *relativo* maior ou operar com um custo *relativo* menor, ou ambos. Por outro lado, se uma empresa for menos lucrativa do que as concorrentes, por definição terá preços relativos menores ou custos relativos maiores, ou ambos. Essa relação econômica básica entre preço relativo e custo relativo é o ponto de partida para compreender como as empresas criam vantagem competitiva.

A partir daqui, Porter envereda por um raciocínio muito parecido com descascar uma cebola. Primeiro, ele decompõe o número geral da lucratividade em seus dois componentes: preço e custo. Isso porque os fatores causais subjacentes, isto é, os condicionantes de preço e custo, são muito diferentes, e as implicações para a ação também diferem.

PREÇO RELATIVO

Uma empresa só poderá sustentar um sobrepreço se oferecer algo que seja ao mesmo tempo único e valioso para os clientes. Os equipamentos da Apple, descolados objetos de desejo, auferem sobrepreços. O mesmo se dá com o trem de alta velocidade entre Madri e Barcelona e os caminhões fabricados pela Paccar. Quando se cria mais valor para o comprador, é gerado o que os economistas denominam *disposição a pagar* (WTP, na sigla em inglês, Willingness to Pay), isto é, o mecanismo que permite a uma empresa cobrar um preço *relativo* maior em relação às *ofertas de bens ou serviços dos concorrentes*.

Durante muitos anos, os fabricantes de automóveis norte-americanos só conseguiam vender carros básicos oferecendo descontos substanciais ou outros incentivos financeiros em relação a montadoras como Honda e Toyota. Em 2010, uma leva de novos produtos da Ford começou a acabar com essa antiga desvantagem de preços relativos. O novo Ford Fusion foi a escolha preferida de críticos de revistas especializadas como *Motor Trend* e *Consumer Reports*, recebendo elogios por qualidade e confiabilidade. Aparentemente, os compradores de carros concordaram com a avaliação positiva. No terceiro trimestre de 2010, do recorde de US$ 1,7 bilhão atingido pela Ford, US$ 400 milhões foram atribuídos a preços maiores.

Nos mercados industriais, o valor para o cliente (o que Porter denomina *valor do comprador*) pode ser quantificado e descrito em termos econômicos. Um fabricante poderá pagar mais por uma máquina porque, em comparação com alternativas de menor preço, ela vai gerar custos de mão de obra compensadores, que superam o preço mais alto.

Em relação aos consumidores, o valor do comprador também pode ter um componente "econômico". Por exemplo, há os que pagam mais por uma salada pré-lavada a fim de economizar tempo. No entanto, raramente eles equacionam o real valor que estão pagando pela conveniência, tal qual um cliente empresarial faria. (Uma vez, calculei, por exemplo, que os consumidores estavam pagando efetivamente bem mais do que US$ 100 por hora pelo trabalho não qualificado de ralar queijo.)

Uma WTP do consumidor tende mais a ter uma dimensão emocional ou intangível, seja pela confiança engendrada por uma marca estabelecida, seja pelo status associado a possuir o último lançamento de aparelho eletrônico. Os fabricantes de carros estão apostando que os consumidores pagarão um sobrepreço por carros híbridos bastante superior à possível economia de gastos com combustível. Evidentemente, fatores não econômicos são computados nesse cálculo.

A mesma coisa acontece em uma porção pequena, mas crescente, do negócio de alimentos. Por que os consumidores estão cada vez mais dispostos a pagar sobrepreços de 300% ou 400% por aquilo que foi durante muito tempo um produto básico, como uma caixa de ovos? Há diversas explicações, todas elas relacionadas com a conscientização crescente do processo de produção nas granjas industriais. Para o cliente preocupado com a saúde, o valor agregado é a segurança alimentar. Para o entusiasta do alimento que sai da fazenda direto para a mesa do consumidor, é o melhor sabor. Para os adeptos da ética na criação de animais, é o tratamento adequado dado às galinhas poedeiras.

A capacidade de auferir um preço maior é a essência da *diferenciação*, um termo que Porter utiliza dessa maneira um tanto idiossincrática. A maioria das pessoas escuta a palavra e imediatamente pensa em "diferente", mas essa diferença pode ser aplicada tanto ao custo quanto ao preço. Por exemplo: "Os custos baixos da Ryanair a diferenciam das outras companhias aéreas". Os profissionais de marketing têm sua própria definição de diferenciação: é o processo de estabelecer na mente dos consumidores como um produto difere dos demais. Duas marcas de iogurte podem ser vendidas pelo mesmo preço, mas é divulgado que a Marca A possui "50% menos calorias".

Porter está em busca de algo diferente. Ele se concentra em identificar as causas básicas da lucratividade superior. Também tenta estimular o pensamento mais exato e rigoroso, sublinhando a distinção entre efeitos de preço e efeitos de custo. Para Porter, a *diferenciação* refere-se à capacidade de cobrar um preço relativo maior. Meu conselho aqui: não se preocupe com a linguagem, contanto que não descuide da distinção subjacente. Lembre-se de que o objetivo da estratégia é a lucratividade superior e que um de seus dois possíveis componentes é o preço relativo – ou seja, é possível cobrar mais do que os concorrentes cobram.

CUSTO RELATIVO

O segundo componente da lucratividade superior é o custo relativo – ou seja, é possível de alguma maneira produzir com custo menor do que a concorrência. Para isso, é preciso encontrar formas mais eficientes de criar, produzir, fornecer, vender e dar suporte a um bem ou serviço. A vantagem de custo pode resultar de custos operacionais menores ou do uso mais eficiente de capital (incluindo o capital de giro), ou ambas as coisas. No início da década de 2000, os custos relativos baixos da Dell resultavam dessas duas fontes. Concorrentes verticalmente integrados, como a Hewlett-Packard, projetavam e manufaturavam seus próprios componentes, formavam estoque de computadores para depois vendê-los por meio de revendedores. A Dell fazia venda direta, montando computadores mediante o pedido dos clientes, usando componentes de fornecedores terceirizados e gerenciando rigidamente a cadeia de fornecimento. Essas abordagens conflitantes apresentavam perfis de custo e investimento muito diferentes. O modelo da Dell exigia pouco capital, pois a empresa não projetava nem fabricava componentes, e tampouco mantinha estoques elevados. No final da década de 1990, a Dell possuía uma vantagem substancial em termos de dias de estoque imobilizado. Uma vez que, na época, os custos dos componentes caíam muito rapidamente, postergar sua compra por algumas semanas, como a Dell de fato fazia, convertia-se em custos relativamente menores por computador. Além disso, na realidade, os clientes da Dell pagavam por sua aquisição *antes* de ela ter de pagar seus fornecedores. A maioria das empresas tem de financiar o capital de giro de que precisam para movimentar seus negócios. A estratégia da Dell resultou em capital de giro *negativo*, o que aumentou ainda mais sua vantagem de custo.

De modo geral, as vantagens de custo sustentáveis envolvem diversas partes da empresa, não apenas uma função ou tecnologia. Os líderes de custo bem-sucedidos multiplicam suas vantagens de custo. Não são meros "produtores de baixo custo" – uma expressão frequentemente utilizada que insinua que as vantagens de custo se originam somente da área de produção. A cultura de baixo custo costuma permear toda a empresa, como acontece em negócios tão distintos quanto a Vanguard (serviços financeiros), a Ikea (móveis e decoração), a Teva (medicamentos genéricos), o Walmart (loja de desconto) e a Nucor (siderúrgica). Esta não só alcançou vantagens históricas de custo de produção, por exemplo, mas, durante anos, a empresa multibilionária foi administrada de um escritório do tamanho de um consultório dentário. O "refeitório executivo" era a delicatéssen do outro lado da rua.

No caso, a grande ideia é que as escolhas estratégicas visam mudar o preço relativo ou o custo relativo em favor da empresa. Em última análise, evidentemente, é a diferença entre esses dois fatores que importa: qualquer estratégia deve resultar em um relacionamento favorável entre preço relativo e custo relativo. Uma estratégia distinta produzirá sua própria estrutura singular. Uma estratégia pode, por exemplo, resultar em custos 20% maiores, mas em preços 35% maiores. Empresas como Apple e BMW se inclinam nessa direção. Outra estratégia pode levar a uma redução de 10% em custos e 5% em preços. Empresas como Ikea e Southwest escolheram esse tipo de estrutura. Quando o resultado líquido da configuração é positivo, a estratégia, por definição, cria vantagem competitiva. Para Porter, pensar em termos tão precisos e quantificáveis é essencial, pois isso assegura que a estratégia está economicamente fundamentada e baseada em fatos.

> As escolhas estratégicas visam mudar o preço relativo ou o custo relativo em favor da empresa.

A mesma grande ideia também se aplica a organizações sem fins lucrativos. Vale lembrar que a vantagem competitiva consiste fundamentalmente na criação de valor superior, no uso eficaz dos recursos. As escolhas estratégicas das organizações sem fins lucrativos visam mudar o valor relativo ou o custo relativo em favor da sociedade. Em outras palavras, uma estratégia apropriada permitiria a uma organização desse tipo produzir mais valor para a sociedade (o equivalente a preço maior) por dólar gasto, ou produzir o mesmo valor usando menos recursos (o equivalente a custo menor). Para aplicar as ideias de Porter em uma estrutura sem fins lucrativos, é preciso ter em mente que o objetivo de uma organização desse tipo é atender a um objetivo social específico com a maior eficiência. Nesse aspecto, os administradores de organizações que visam ao lucro têm mais facilidade. Os preços de mercado servem como um parâmetro claro contra o qual medir o valor criado por eles. Os administradores de organizações sem fins lucrativos enfrentam a mesma tarefa, criando valor, mas sem a clareza desse parâmetro.

A CADEIA DE VALOR

Agora, temos uma definição concisa e concreta de vantagem competitiva: desempenho superior resultante de preços maiores, custos menores, ou ambos, de modo sustentável. Mas falta descascar uma camada final da cebola para chegar ao que chamarei de fontes administrativamente pertinentes de vantagem competitiva – aquilo que os gestores podem controlar. Em última análise, todas as diferenças de custo ou preço entre concorrentes surgem de centenas de *atividades* que as empresas desempenham enquanto competem.

Precisamos fazer uma pausa aqui, pois isso é realmente importante, e porque essa linguagem não é intuitiva para a maioria dos gestores. Como vou me referir muito a *atividades* e *sistemas de atividade*, entendamos claramente a definição desses termos. *Atividades* são funções ou processos econômicos distintos, tais como administrar uma cadeia de fornecimento, gerenciar uma equipe de vendas, desenvolver produtos ou entregá-los ao cliente. Em geral, uma atividade é um conjunto de pessoas, tecnologias, ativos fixos, em alguns casos capital de giro e diversos tipos de informação.

Os gestores tendem a pensar em relação a áreas funcionais, como marketing ou logística, pois é assim que se define sua própria expertise ou vínculo organizacional. Isso é muito amplo quando se trata de estratégia. Para entender a vantagem competitiva, é fundamental focar as atividades, que são mais limitadas que as funções tradicionais. Ou, então, os gestores pensam em habilidades, forças ou competências (aquilo que a empresa faz bem), mas isso é abstrato e também frequentemente muito abrangente. Para ponderar com clareza as ações que se pode empreender como gerente para impactar preços ou custos, é preciso dedicar toda a atenção ao nível das atividades, onde "aquilo que a empresa faz bem" se incorpora a atividades específicas desempenhadas por ela.

> A sequência de atividades realizadas por uma empresa para projetar, produzir, vender, entregar e dar suporte a seus produtos é denominada *cadeia de valor*. Por sua vez, a cadeia de valor faz parte de um *sistema de valor* maior.

A sequência de atividades realizadas por uma empresa para projetar, produzir, vender, entregar e dar suporte a seus produtos é denominada *cadeia de valor*. Por sua vez, a cadeia de valor faz parte de um *sistema de valor* maior: o conjunto mais amplo de atividades envolvidas na criação de valor para o usuário final, independentemente de quem as desempenhe. Um fabricante de automóveis, por exemplo, precisa equipar um carro com pneus. Isso envolve diversas escolhas *upstream*: fabricar os pneus ou comprá-los de um fornecedor? Se a opção for fabricá-los, comprar as matérias-primas de um fornecedor ou produzi-las? Sabe-se que Henry Ford preferiu explorar sua própria plantação de seringueiras no Brasil, no final da década de 1920; uma decisão que não deu muito certo. Em última análise, escolhas como essas, sobre o nível desejado de integração vertical, são aplicáveis a todas as empresas e dizem respeito a "onde se situar" no sistema de valor.

Também existem atividades envolvendo escolhas *downstream* no sistema de valor. Na década de 1920, quando os carros ainda eram brinquedos de homens ricos, a General Motores e outras montadoras criaram suas próprias divisões de crédito ao consumidor para estimular a venda de automóveis a prazo. Henry Ford, homem de fortes convicções, acreditava que o financiamento era imoral. E se recusou a seguir o exemplo da GM. Em 1930, 75% dos carros e caminhões eram comprados "a prestação", e a outrora dominante participação no mercado da Ford despencou. Portanto, ao analisar a cadeia de valor, é importante você observar como suas atividades se conectam com as de seus fornecedores, canais de distribuição e clientes. A maneira pela qual *eles* desempenham atividades afeta *seu* custo ou *seu* preço, e vice-versa.

A cadeia de valor é outra estrutura de Porter à qual os gestores se referem o tempo todo. A maioria deles, creio eu, sabe o que é uma cadeia de valor — a metáfora de uma série de atividades vinculadas é intuitiva. No entanto, muitos não percebem as implicações dela. Qual sua importância? A resposta é que a cadeia de valor serve como uma ferramenta poderosa para decompor uma empresa em suas atividades estrategicamente pertinentes, a fim de enfocar as fontes de vantagem competitiva, isto é, as atividades específicas que resultam em preços maiores ou custos menores (ou, no caso de uma organização sem fins lucrativos, as atividades que resultam em maior valor para aqueles atendidos por ela ou em menores custos de atendimento).

PRINCIPAIS ETAPAS NA ANÁLISE DA CADEIA DE VALOR

De fato, a melhor maneira de avaliar essa ferramenta é usá-la. Eis como:

1. **Comece esquematizando a cadeia de valor do setor.** Cada setor estabelecido possui uma ou mais abordagens dominantes. Elas refletem o escopo e a sequência das atividades desempenhadas pela maioria das empresas de determinado setor, e isso vale tanto para organizações sem fins lucrativos quanto para qualquer negócio. A cadeia de valor do setor é, efetivamente, o modelo de negócio prevalecente, a maneira pela qual se cria valor (*veja Figura 3.1*). É onde boa parte das empresas do setor escolheu "se situar" em relação ao sistema de valor mais amplo.

FIGURA 3.1 A CADEIA DE VALOR: CONFIGURANDO ATIVIDADES PARA CRIAR VALOR PARA O CLIENTE

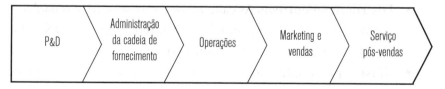

- Até onde, a montante (*upstream*) ou a jusante (*downstream*), as atividades do setor se estendem?
- Quais são as atividades de criação de valor em cada etapa da cadeia?
- Compare as cadeias de valor dos concorrentes de um setor para entender as diferenças de preços e custos.

Até onde, a montante, as atividades do setor se estendem? O setor realiza pesquisa básica? Projeta e desenvolve seus produtos? Assume a manufatura? É dependente de que insumos básicos? Qual a procedência deles? Como o competidor característico do setor vai ao mercado, vende, distribui, fornece? O serviço de financiamento ou pós-vendas é uma parte do valor criado pelo setor para os clientes?

Dependendo do setor, algumas categorias serão mais ou menos importantes para a vantagem competitiva. Neste caso, o fundamental é esquematizar as principais atividades de criação de valor *específicas* ao setor. Se existirem modelos de negócio conflitantes, esquematize a cadeia de valor para cada um deles. Em seguida, identifique as diferenças entre os concorrentes.

2. **Em seguida, compare sua cadeia de valor com a do setor.**
   Você pode empregar um modelo como o utilizado no exemplo desta seção. O objetivo é captar cada etapa importante no processo de criação de valor. A título de ilustração, escolhi um exemplo do universo das organizações sem fins lucrativos, que tem a vantagem da simplicidade. No Capítulo 4, analisaremos diversas cadeias de valor empresariais mais complexas. A estrutura aplica-se igualmente bem aos dois mundos.

Consideremos que diversas organizações sem fins lucrativos norte-americanas forneçam cadeiras de rodas para pessoas deficientes de países em desenvolvimento. Uma estratégia, que intitulo a do "recondicionador", consiste em três atividades principais, e se parece com isto (*veja Figura 3.2*):

- **Origem do produto.** Cadeiras usadas doadas por hospitais, indivíduos e fabricantes são coletadas e recondicionadas.
- **Distribuição/entrega.** As cadeiras de rodas são enviadas para receptores no exterior; uma entidade filantrópica ou uma ONG do país distribui as cadeiras para os usuários finais.
- **Ajuste personalizado.** Profissionais (em geral, voluntários) acompanham as cadeiras até o local de destino para fazer o ajuste personalizado de cada uma delas. Esse serviço, denominado *provisão*, é importante porque uma cadeira de rodas mal ajustada pode gerar outros problemas de saúde.

FIGURA 3.2 CADEIRAS DE RODAS DOADAS: UM EXEMPLO DE CADEIA DE VALOR

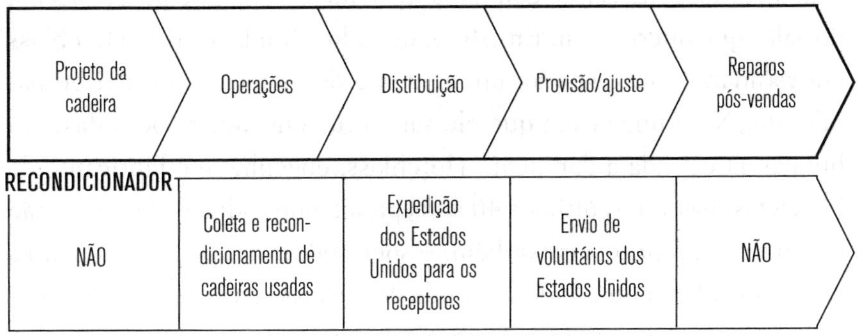

	Projeto da cadeira	Operações	Distribuição	Provisão/ajuste	Reparos pós-vendas
RECONDICIONADOR	NÃO	Coleta e recondicionamento de cadeiras usadas	Expedição dos Estados Unidos para os receptores	Envio de voluntários dos Estados Unidos	NÃO

Uma estratégia ainda mais simples, que intitulo a do "comprador de volume", consiste em apenas duas atividades principais: arrecadação de recursos e compra de grande volume das cadeiras mais básicas e padronizadas de baixo custo de fabricantes chineses. Elas são distribuídas sem provisão ou outros serviços ao usuário. Nesse caso, o valor criado é tão despojado quanto a cadeia de valor (*veja Figura 3.3*): nenhum projeto, nenhuma provisão, nenhum reparo.

FIGURA 3.3 CADEIRAS DE RODAS DOADAS: DUAS CADEIAS DE VALOR CONCORRENTES

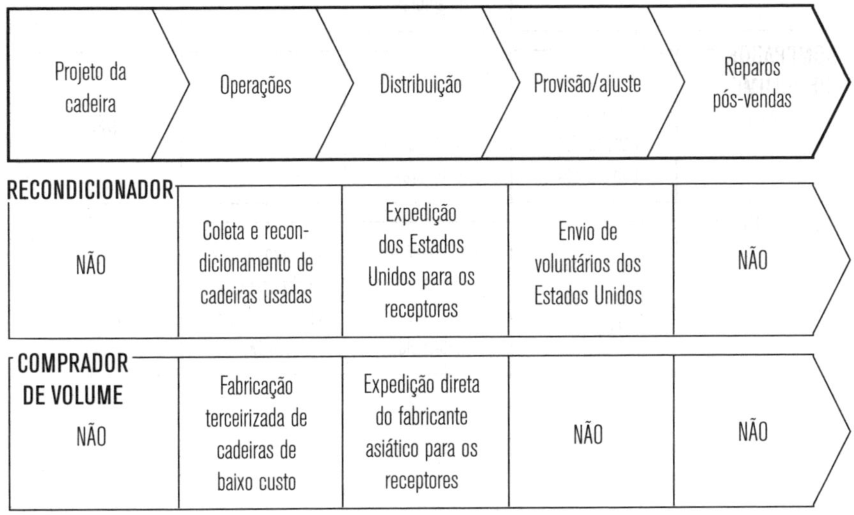

	Projeto da cadeira	Operações	Distribuição	Provisão/ajuste	Reparos pós-vendas
RECONDICIONADOR	NÃO	Coleta e recondicionamento de cadeiras usadas	Expedição dos Estados Unidos para os receptores	Envio de voluntários dos Estados Unidos	NÃO
COMPRADOR DE VOLUME	NÃO	Fabricação terceirizada de cadeiras de baixo custo	Expedição direta do fabricante asiático para os receptores	NÃO	NÃO

A Whirlwind Wheelchair International (WWI) adotou uma abordagem distinta, começando com uma maneira diferente de pensar acerca do valor que queria criar. Em 1966, quando o fundador Ralf Hotchkiss era estudante universitário, um acidente de motocicleta o deixou paralisado. Na primeira vez que ele saiu à rua em cadeira de rodas, um buraco na calçada a danificou. Hotchkiss, engenheiro e fabricante de bicicletas, passou os últimos 40 anos projetando cadeiras de rodas, não só para uso próprio mas também, e sobretudo, para pessoas de países em desenvolvimento, onde as condições físicas são especialmente desafiadoras. Seu projeto mais famoso é denominado Rough Rider. Vamos analisar as atividades da cadeia de valor da Whirlwind (*veja Figura 3.4*):

FIGURA 3.4 CADEIRAS DE RODAS DOADAS: TRÊS CADEIAS DE VALOR CONCORRENTES

	Projeto da cadeira	Operações	Distribuição	Provisão/ajuste	Reparos pós-vendas
RECONDICIONADOR	NÃO	Coleta e recondicionamento de cadeiras usadas	Expedição dos Estados Unidos para os receptores	Envio de voluntários dos Estados Unidos	NÃO
COMPRADOR DE VOLUME	NÃO	Fabricação terceirizada de cadeiras de baixo custo	Expedição direta do fabricante asiático para os receptores	NÃO	NÃO
WHIRLWIND	SIM	Parceiros produzem projetos da WWI	Fabricantes regionais expedem para parceiros nacionais	Parceiros locais realizam provisão e montagem (P&M)	SIM – Centros de P&M lidam com peças e serviços

- **Obtenção do produto.** Em vez de aceitar doações do que Hotchkiss denomina "cadeiras de hospital", que só servem para manobras em ambientes fechados, ele começa mais a montante, a fim de criar cadeiras com real "mobilidade". Uma equipe de projetistas da San Francisco State University trabalha com usuários de cadeiras de rodas, desenvolvendo projetos que se ajustam à vida deles e suportam as condições locais. Agregar à cadeia de valor um projeto inspirado no usuário cria um produto de maior valor.
- **Fabricação.** A Whirlwind trabalha com alguns fabricantes regionais fora dos Estados Unidos; parceiros de porte suficiente para alcançar escala eficiente e sofisticados o bastante para atender aos padrões de qualidade da Whirlwind.
- **Distribuição.** Sempre que possível, as cadeiras são expedidas dobradas para os países contemplados. Isso corta os custos de frete pela metade e confere algum valor agregado local no destino final. Centros operados por parceiros locais realizam a montagem final e a provisão, além de manter estoque de peças sobressalentes para reparo das cadeiras de rodas ao longo do tempo. Isso aumenta sua vida útil e soluciona um grande problema do recondicionamento: cadeiras de hospital doadas dos Estados Unidos são de reparo quase impossível em caso de necessidade de peças.

A configuração de atividades da Whirlwind produz um tipo distinto de valor com um perfil distinto de custo. A análise lado a lado das cadeias de valor concorrentes realça essas diferenças. Se sua cadeia de valor for parecida com outra qualquer, isso significa que você está envolvido em uma competição para ser o melhor.

3. **Concentre-se nos condicionantes de preço: aquelas atividades que exercem alto impacto corrente ou potencial sobre a diferenciação.** Você cria ou pode criar valor superior para os clientes realizando atividades distintas ou atividades não executadas pelos competidores? Esse valor pode ser criado sem incorrer em custos proporcionais? O valor do comprador pode surgir em

toda a cadeia de valor. Ele pode se originar do projeto do produto, por exemplo, como no caso da Whirlwind Wheelchair. Ou da escolha dos insumos utilizados e do próprio processo de produção, que são a chave do sucesso da In-N-Out Burger, uma rede com mais de 230 lanchonetes especializadas em hambúrguer, que utiliza somente ingredientes frescos e prepara na hora seu cardápio enxuto. O valor do comprador também pode ser criado com base na experiência de venda, como atestará qualquer visitante de uma Apple Store. Ou das atividades do serviço pós-vendas. Cada Apple Store, por exemplo, possui um Genius Bar, onde os clientes podem receber assistência gratuita sobre questões técnicas. A política de peças sobressalentes da Whirlwind é outro exemplo. Seja o cliente uma empresa, seja uma família, examinar como suas atividades fazem parte de todo o sistema de valor é a chave para compreender o valor do comprador.

4. **Concentre-se nos condicionantes de custo, prestando atenção especial nas atividades que representam uma grande ou crescente porcentagem dos custos.** Sua posição de custo relativo (RCP, na sigla em inglês, Relative Cost Position) é estabelecida com base nos custos acumulados referentes à execução de todas as atividades na cadeia de valor. Há diferenças reais ou potenciais entre sua estrutura de custos e a de seus concorrentes? O desafio aqui é obter o quadro mais exato possível de todos os custos associados a cada atividade, incluindo não só os custos operacionais diretos ou de ativos mas também os custos indiretos gerados pela execução dessa atividade.*

Para compreender bem isso, pergunte-se que custos indiretos específicos poderão ser cortados, se essa atividade deixar de ser executada.

Para cada atividade, uma vantagem ou desvantagem de custo depende dos condicionantes de custo, ou de uma série de influências sobre o

---

* O custeio baseado em atividades existe há décadas, mas é reconhecidamente difícil de executar. Os sistemas contábeis não fornecem dados de custos de tal forma que os gestores possam usar para entender os custos relativos. Para obter outras orientações a respeito da lógica analítica da vantagem competitiva, consulte as notas deste capítulo.

custo relativo. A real implicação da análise do custo relativo surge quando se analisam os números a fundo com o propósito de revelar as ações a serem adotadas para melhorá-los. Um exemplo completo será dado no capítulo apropriado. A versão sucinta fornecida aqui serve para dar uma ideia do que quero dizer. Por muito tempo, a Southwest Airlines desfrutou uma vantagem de custo, conforme indicado em seu custo relativo baixo por milha de assento disponível. Para entender por quê, devem-se listar todas as atividades da Southwest, atribuir-lhes custos e, então, comparar os resultados com o das outras companhias aéreas. Sigamos a trilha de uma das atividades: o *turnaround* (reabastecimento e recarga de uma aeronave) no terminal de embarque. A Southwest faz isso mais rápido e, por conseguinte, obtém mais de seus ativos – seus custos por avião e por funcionário são menores do que os da concorrência.

Ciente de que os *turnarounds* nos terminais de embarque são um significativo condicionante de custo, você vai mais fundo, até o nível das diversas subatividades específicas envolvidas nessa operação. No caso, você buscaria maneiras de reduzir custos sem sacrificar o valor para o cliente, promovendo assim uma diferença maior de seu desempenho em relação ao dos concorrentes. Quando um avião pousa, por exemplo, os banheiros precisam ser drenados. Para isso, um aparelho é conectado ao painel de serviço. O problema, constatado pela Southwest, era que isso interferia em outras atividades do pessoal de terra. A solução foi a Southwest solicitar que seu fornecedor, a Boeing, reposicionasse o painel de serviço no novo modelo 737-300.

> **VOCÊ REALMENTE TEM VANTAGEM COMPETITIVA?**
> **PRIMEIRO, QUANTIFICAR; DEPOIS, DECOMPOR**
>
> 1. Como a lucratividade no longo prazo de cada um de seus negócios se compara com a de outras empresas no cenário econômico? Nos Estados Unidos, de 1992 a 2006, a empresa média obteve um retorno sobre o

patrimônio líquido (lucro antes de juros e impostos dividido pelo capital médio investido menos sobra de caixa) de cerca de 14,9%, com alguma variação desse número ao longo do ciclo do negócio. Os retornos de seu negócio são melhores ou piores? Se forem melhores, algo está trabalhando a seu favor. Caso contrário, algo está errado. Em ambos os casos, analise a fundo as causas subjacentes.

2. Agora, compare seu desempenho com o retorno médio do setor, levando em conta os últimos cinco a dez anos. A lucratividade pode oscilar no curto prazo em consequência de diversos fatores, tão transitórios quanto as condições meteorológicas. Escolha um horizonte temporal mais longo, idealmente aquele que corresponda ao ciclo de investimento de seu setor. Isso lhe dirá se tem ou não uma vantagem competitiva.

Suponha que a empresa A obtenha um retorno de 15%, em comparação com um referencial nacional de 13% e outro do setor de 10%. A análise da estrutura setorial explicará por que o índice geral está três pontos percentuais abaixo da média nacional. No entanto, o desempenho superior da empresa A – que supera seu setor em cinco pontos percentuais –, indica que ela possui vantagem competitiva. Assim, nesse caso, A não apresenta um problema de estratégia. Por outro lado, sem dúvida precisa lidar com uma estrutura setorial desafiadora. A distinção entre essas duas fontes de lucratividade é decisiva, pois os fatores que afetam a estrutura setorial e aqueles que determinam a posição relativa são muito diferentes. Até uma empresa entender a origem de sua rentabilidade, ela estará mal equipada para lidar com isso de modo estratégico.

3. Em seguida, continue analisando para entender por que o negócio apresenta um desempenho melhor ou pior do que a média do setor. Decomponha seu desempenho relativo em seus dois componentes: o preço relativo e o custo relativo. Esses fatores são fundamentais para a compreensão da estratégia e do desempenho.

No exemplo em discussão, a empresa A alcançou um retorno 5% maior do que o competidor médio. Seu preço realizado (ajustado para concessões e descontos) foi 8% maior do que a média setorial. Para obter

> esse sobrepreço, a empresa A precisou gastar mais: no caso, seu custo relativo foi 3% maior. Isso explica o retorno 5% maior da empresa A.
> 4. Analise ainda mais a fundo. Do lado do preço, pode ser possível rastrear o sobrepreço (ou desconto) geral a linhas de produtos específicas, a clientes ou áreas geográficas ou a preços de tabela *versus* descontos fora da tabela. Do lado do custo, costuma ser revelador decompor a vantagem (ou desvantagem) de custo na parte decorrente do custo operacional (demonstração de resultados) e na parte decorrente do uso de capital (balanço patrimonial).
>
> Essas relações econômicas básicas fundamentam o desempenho e a estratégia da empresa. A estratégia consiste em tentar moldar esses determinantes subjacentes da lucratividade.

Como o exemplo da Southwest mostra, deslindar os condicionantes de custo pode ser um trabalho de detetive. Exige criatividade e análise rigorosa. O caminho mais fácil é aceitar o pensamento convencional do setor. Na década de 1990, por exemplo, a maioria dos fabricantes de carros aceitou com convicção que a escala era *o* condicionante decisivo de custos, que, se não vendessem ao menos 4 milhões de carros por ano, seus custos os liquidariam. Seguiu-se um frenesi de fusões, muitas das quais desfeitas depois.

É claro que a escala tem importância no setor automobilístico. Mas uma compreensão mais profunda dos condicionantes de custo é crucial. A Honda, por exemplo, é uma montadora relativamente pequena. Isso pode levar à conclusão de que ela teria uma desvantagem de custos. Contudo, a Honda é a maior fabricante mundial de motocicletas e, sobretudo, uma grande fabricante de motores. Uma vez que os motores respondem por 10% do custo de um carro, e a Honda pode distribuir o custo de desenvolvimento de motores entre suas linhas de produto, essa vantagem de escopo compensa sua falta geral de escala. Além disso, o foco da Honda no desenvolvimento de motores é um elemento de diferenciação que sustenta o ato de determinar preços.

IMPLICAÇÕES ESTRATÉGICAS: O ADMIRÁVEL MUNDO NOVO DE PORTER

Não é exagero afirmar que a cadeia de valor, inicialmente exposta em detalhes por Porter em *Vantagem competitiva* (1985), mudou a visão de mundo dos gestores. Vamos analisar as enormes consequências do conceito de cadeia de valor.

A primeira é que se começa a perceber cada atividade não como um mero *custo*, mas como uma etapa que deve agregar algum incremento de valor ao bem ou serviço final. Ao longo do tempo, essa perspectiva revolucionou a maneira pela qual as organizações definem seus negócios. Há 35 anos, por exemplo, a atividade de corretagem, com suas altas comissões, era o único meio de negociar ações. Uma abordagem genérica, ou ao menos conveniente para os abonados o suficiente para bancá-la. Todos aceitavam como fato consumado que o negócio era o que era.

> Começa-se a perceber cada atividade não como um mero *custo*, mas como uma etapa que deve agregar algum incremento de valor ao bem ou serviço final.

Mas o que acontece quando se começa a pensar em determinado negócio como um conjunto de atividades de criação de valor? Percebe-se que por trás daquele corretor existia um conjunto plenamente integrado de atividades, que abrangia desde a realização de pesquisas e análise de títulos até a execução de transações e o envio de relatórios mensais. Os custos de todas essas atividades estavam embutidos no valor da comissão. Charles Schwab criou a empresa que leva seu nome – e uma nova categoria conhecida como *corretagem com desconto* – em torno de uma cadeia de valor diferente. Nem todos os clientes querem aconselhamento, então, por que eles têm de pagar por isso? Esqueça todas as atividades necessárias à prestação de consultoria e concentre-se na execução de transações para criar um tipo distinto de valor: transações de baixo custo, que tornam a aquisição de ações acessível a uma base maior de clientes. Alinhar a *cadeia de valor* – as atividades realizadas dentro da empresa – com a definição de valor do cliente foi uma nova maneira de pensar apenas 25 anos atrás. Atualmente, tornou-se o pensamento convencional.

Uma segunda consequência importante do conceito de cadeia de valor é que ele obriga o gestor a enxergar além dos limites de sua própria organização e atividades de modo a perceber que faz parte de um sistema de valor maior que envolve outros competidores. Por exemplo, quem quiser desenvolver um negócio de *fast-food* especializado em batatas fritas perfeitas e consistentes, como o McDonald's fez, não poderá inventar desculpas para os clientes porque seu fornecedor de batatas carece de instalações adequadas de armazenagem. Os clientes não querem saber de quem é a culpa. Eles se importam com a qualidade das batatas fritas. Assim, o McDonald's precisa realizar atividades específicas para assegurar que, de uma forma ou de outra, todos os produtores de batatas de quem a empresa compra possam atender a seus padrões.

Além disso, todos os envolvidos no sistema de valor têm de entender melhor o papel que desempenham em um processo maior de criação de valor, mesmo que estejam a uma ou duas etapas do usuário final. A maioria dos apreciadores de vinho sabe como é desagradável abrir uma bela garrafa de vinho, servir a bebida a um convidado e, então, descobrir que uma rolha de má qualidade arruinou seu sabor. Na década de 1990, o problema atingiu o ponto crítico para produtores e comerciantes de vinho. Eles exigiram que os fabricantes de rolhas corrigissem isso. Ninguém quer que um componente barato, quase uma *commodity*, deprecie o valor de um produto caro.

A cortiça, que na maior parte provém de árvores em Portugal e outros países do Mediterrâneo, desfrutou um quase monopólio como matéria-prima para a vedação de garrafas de vinho não só durante décadas, mas por séculos. Nenhuma surpresa, então, que os fabricantes de rolhas fossem lentos na resposta. A habilidade deles está em retirar a casca do sobreiro sem danificar a árvore. São trabalhadores manuais; basicamente, agricultores, e não químicos.

Isso deu a fabricantes de plásticos, como a Nomacorc, a oportunidade de preencher uma lacuna. A cadeia de valor da Nomacorc permitia, com relativa facilidade, a realização de pesquisas sobre a química da contaminação do vinho e a solução do problema. Enquanto os tradicionais fabricantes de rolha de cortiça se agarravam a uma mentalidade antiga ("estamos no negócio da cortiça"), os fabricantes de plástico conseguiam enxergar como tomar parte de um processo mais amplo de criação de valor. Em 2009, a fábrica automatizada da Nomacorc, na Carolina do Norte, produzia cerca de 160 milhões de rolhas de plástico por mês, e as rolhas sintéticas detinham 20% do mercado.

Essa interdependência de cadeias de valor possui implicações imensas. Administrar *cruzando* limites, sejam eles entre a empresa e seus clientes, entre a empresa e seus fornecedores ou, ainda, entre a empresa e seus parceiros comerciais, pode ser tão importante para a estratégia quanto a administração interna de uma empresa. Usar o modelo de cadeia de valor de Porter foi como olhar por um microscópio pela primeira vez. Subitamente, os gestores conseguiam enxergar um universo de relações que antes lhes eram invisíveis.

A cadeia de valor foi uma inovação importante para analisar tanto o custo relativo quanto o valor relativo de uma empresa. A cadeia de valor direciona o foco dos gestores às atividades específicas que geram custo e criam valor para os compradores. Embora muito se fale das habilidades ou capacidades das organizações como criadoras de valor, as atividades são o momento da verdade. Evidentemente, a Nomacorc tinha o que a maioria dos executivos chamaria de "competência essencial" em química. Entretanto, seu sucesso competitivo no mercado de vinhos resultou da decisão de aplicar essa capacidade a atividades que aprimoraram o projeto e a fabricação de rolhas para garrafas de vinho.

É POSSÍVEL PAVIMENTAR SEU CAMINHO PARA A VANTAGEM COMPETITIVA?

Agora, temos uma definição completa de vantagem competitiva: uma diferença no preço relativo ou nos custos relativos que surge por causa das *diferenças nas atividades* em execução (*veja Quadro 3.2*). Onde quer que uma empresa tenha alcançado vantagem competitiva, *deve haver* diferenças nas atividades. No entanto, essas diferenças podem assumir duas formas distintas. Uma empresa pode ser melhor em executar *a mesma configuração* de atividades, ou escolher *uma configuração diferente* de atividades. A esta altura, é claro, você já reconhece que a primeira abordagem é a competição para ser o melhor. Além disso, também estamos em uma posição melhor para entender por que essa abordagem não tende a produzir vantagem competitiva.

	QUADRO 3.2 A VANTAGEM COMPETITIVA RESULTA DAS ATIVIDADES NA CADEIA DE VALOR DE UMA EMPRESA	
ATIVIDADES	Executa as MESMAS atividades dos concorrentes, porém melhor	Executa atividades DIFERENTES dos concorrentes
VALOR CRIADO	Atende às mesmas necessidades com custo menor	Atende a necessidades diferentes e/ou às mesmas necessidades com custo menor
VANTAGEM	Vantagem de custo, mas difícil de sustentar	Preços maiores e/ou custos menores que são sustentáveis
COMPETIÇÃO	Seja o MELHOR, concorra em EXECUÇÃO	Seja ÚNICO, concorra em ESTRATÉGIA

Porter utiliza a expressão *eficácia operacional* (OE, na sigla em inglês, Operational Effectiveness) para se referir à capacidade da empresa de executar atividades similares melhor do que os concorrentes. A maioria dos gestores usa o termo "melhor prática" ou "execução". Independentemente do termo preferido, estamos falando de diversas práticas que permitem que uma empresa obtenha mais a partir dos recursos utilizados. O importante é não confundir OE com estratégia.

Em primeiro lugar, vamos reconhecer que as diferenças em OE são difusas. Algumas empresas são melhores do que outras em minimizar erros de serviço, ou em manter as prateleiras estocadas, ou em reter funcionários, ou em eliminar o desperdício. Diferenças como essas podem ser uma fonte importante de discrepâncias de lucratividade entre competidores.

No entanto, simplesmente melhorar a eficácia operacional não proporciona uma vantagem competitiva robusta, pois é raro que as vantagens da "melhor prática" sejam sustentáveis. Assim que uma empresa estabelece uma nova melhor prática, seus rivais tendem a copiá-la rapidamente. Às vezes, essa rotina de imitação é denominada hipercompetição. As melhores práticas se espalham depressa, com ajuda da mídia de negócios e de consultores que criaram uma indústria em torno do *benchmarking* e dos programas de qualidade/melhoria contínua. As soluções mais genéricas, aquelas que se aplicam a diversos cenários empresariais e setoriais, difundem-se com mais rapidez. (Cite um setor que ainda não foi apresentado a alguma versão da gestão da qualidade total [TQM, na sigla em inglês, Total Quality Management].)

Programas como esses são irrefutáveis. Os gestores são recompensados por melhorias tangíveis que obtêm depois de implantar a última melhor prática em suas empresas. Isso torna mais fácil perder de vista o quadro maior do que está acontecendo *fora* delas. Competir com base nas melhores práticas sem dúvida eleva o nível de todos. Embora haja uma melhoria absoluta em OE, não há melhoria relativa para ninguém. A difusão inevitável das melhores práticas significa que todos têm de correr mais rápido só para ficar no mesmo lugar.

Nenhuma empresa pode se permitir uma execução malfeita. A ineficiência pode subjugar até mesmo as estratégias mais distintivas e potencialmente valiosas. Entretanto, apostar que se pode alcançar vantagem competitiva – uma diferença *sustentável* em preço ou custo – executando *as mesmas atividades* da concorrência é provavelmente uma aposta perdida. Ninguém superou os japoneses na competição por OE, mas, como a obra de Porter documenta em detalhes, esse tipo de competição levou até o melhor deles a uma lucratividade cronicamente insatisfatória.

A rivalidade competitiva, em essência, é um processo que combate a capacidade de uma empresa de sustentar diferenças em preço relativo ou custo relativo. A competição para ser o melhor é o grande nivelador;

acelera esse processo. Nos próximos quatro capítulos, veremos como a estratégia, desenvolvida em torno de uma configuração única de atividades, atua no sentido de alcançar e sustentar a vantagem competitiva. A estratégia é o antídoto contra a rivalidade competitiva.

OS FUNDAMENTOS ECONÔMICOS DA VANTAGEM COMPETITIVA

Os indicadores mais comuns, como valor para o acionista, retorno sobre as vendas, crescimento e participação no mercado, são enganosos para a estratégia. Ela tem como objetivo obter retornos superiores sobre os recursos aplicados, e isso é medido mais adequadamente pelo retorno sobre o capital investido.

A vantagem competitiva não consiste em vencer os rivais; trata-se de criar valor superior e provocar uma cisão maior do que a da concorrência entre o valor do comprador e o custo.

Ter vantagem competitiva significa que uma empresa será capaz de sustentar preços relativos maiores ou custos relativos menores, ou ambos, em relação a seus concorrentes, em determinado setor. Quem possuir vantagem competitiva sentirá seus efeitos nos resultados financeiros.

Para organizações sem fins lucrativos, a vantagem competitiva significa que mais valor será produzido para a sociedade por dólar gasto (o equivalente a preço maior), ou o mesmo valor será produzido com a aplicação de menos recursos (o equivalente a custo menor).

As diferenças em preços relativos e custos relativos podem, em última análise, ser relacionadas com as atividades executadas pelas empresas.

A cadeia de valor de uma empresa é o conjunto de todas as suas atividades de criação de valor e geração de custo. As atividades e a cadeia de valor geral na qual estão integradas são as unidades básicas da vantagem competitiva.

PARTE II

O QUE É ESTRATÉGIA?

PARTE II

O QUE É
ESTRATÉGIA?

Pode-se chamar de estratégia qualquer plano ou programa, e é assim que a maioria das pessoas utiliza a palavra. No entanto, uma estratégia eficaz, aquela que resultará em desempenho econômico superior, é outra coisa. Recapitulando rapidamente: uma organização tem vantagem competitiva quando cria valor para os clientes *e* consegue captar esse valor para si porque escolheu um posicionamento no setor que a protege de modo eficaz do impacto das cinco forças na erosão do lucro. Reconheço que a última frase é longa e complicada. Em suma, essa organização identificou uma forma de melhorar o desempenho sendo diferente.

A definição de estratégia de Porter é normativa, não descritiva. Isto é, distingue a estratégia *eficaz* da *ineficaz*. Seu foco está no *conteúdo*, não no *processo*. Seu foco está no *onde se quer estar*, não no *processo de tomada de decisão* que leva a determinado lugar; não se trata de como, ou se, é realizado um planejamento estratégico formal, nem se a estratégia pode ser assimilada em até 50 palavras. Outros estudiosos do tema perseguiram questões legítimas e importantes como essas a respeito de processos e pessoas, enquanto Porter, como se prega em estratégia, "se concentrou naquilo que conhece bem": os princípios gerais de criação e sustentação da vantagem competitiva.

Nos próximos capítulos desta seção, abordaremos cinco testes para identificar uma boa estratégia:

- Uma proposição de valor distintiva.
- Uma cadeia de valor sob medida.
- *Trade-offs* diferentes dos da concorrência.
- Ajuste por toda a cadeia de valor.
- Continuidade ao longo do tempo.

Veremos como cada um desses fatores contribui para a estratégia e a sustentabilidade ao longo do tempo.

CAPÍTULO 4

CRIAÇÃO DE VALOR:
A ESSÊNCIA

O primeiro teste da estratégia, a de ter uma proposição de valor distintiva, é tão intuitivo que muitos gestores acham que já possuem uma estratégia quando atingem esse ponto. A escolha do tipo específico de valor a ser oferecido aos clientes é a essência da competição para ser único. Mas recordemos a definição de vantagem competitiva: uma diferença no preço relativo ou nos custos relativos que surge por causa das *diferenças nas atividades* em execução. A cadeia de valor deve ser adequada de modo específico para entregar a proposição de valor. Uma proposição de valor que pode ser fornecida de modo eficaz sem uma cadeia de valor personalizada não produzirá uma vantagem competitiva sustentável. A cadeia de valor sob medida é o segundo teste de Porter, e ela não é evidente, nem intuitiva.

A forma como esses dois elementos básicos da estratégia estão vinculados um ao outro – e como eles se vinculam à vantagem competitiva e à estrutura do setor – é o assunto deste capítulo. A estratégia implica a escolha deliberada de um conjunto distinto de atividades para produzir um mix único de valor. Se todos os concorrentes produzirem da mesma forma, distribuírem da mesma forma, prestarem serviços da mesma forma, e assim por diante, estarão, nos termos de Porter, competindo para ser o melhor, e não competindo em estratégia.

O PRIMEIRO TESTE: UMA PROPOSIÇÃO DE VALOR DISTINTIVA

A proposição de valor é o elemento da estratégia voltado para fora da organização, ou seja, para os clientes, para o lado da demanda do negócio. Ela reflete escolhas sobre o tipo específico de valor que uma empresa oferecerá, sejam elas tomadas conscientemente ou não. Porter define a proposição de valor como a resposta a três perguntas fundamentais (*veja Figura 4.1*):

- Que clientes serão atendidos?
- Que necessidades serão satisfeitas?
- Que preço relativo proporcionará valor aceitável para os clientes e lucratividade aceitável para a empresa?

FIGURA 4.1 A PROPOSIÇÃO DE VALOR RESPONDE A TRÊS PERGUNTAS

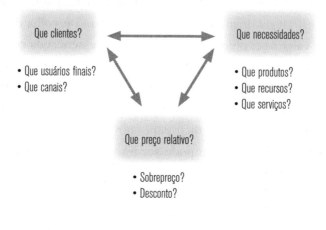

A proposição de valor é o elemento da estratégia voltado para fora da organização, ou seja, para os clientes, para o lado da demanda do negócio. A cadeia de valor tem foco interno, isto é, nas operações. A estratégia é fundamentalmente integrativa, reunindo os lados da oferta e demanda.

Essa definição reflete a evolução do pensamento de Porter para além de seu artigo de 1996, na HBR: "What is Strategy?". Ali, ele descreveu três fontes de posicionamento: variedade, necessidades e acesso. Seu trabalho subsequente levou-o à formulação mais completa discutida aqui e que foi elaborada ao longo da última década em diversas conferências e palestras.

QUE CLIENTES?

Em um setor, geralmente existem grupos distintos, ou segmentos, de clientes. Uma proposição de valor pode visar especificamente ao atendimento a um ou mais desses segmentos. Em alguns casos, escolher o cliente é primordial. Então, essa escolha leva diretamente aos outros dois lados do triângulo: necessidades e preço relativo. A segmentação de clientes costuma fazer parte de qualquer análise setorial abrangente, e a escolha de um ou mais clientes a serem atendidos por uma organização pode ser uma âncora importante no tocante a seu posicionamento em relação às cinco forças. Nos exemplos a seguir, observe como cada um reflete uma base distinta de segmentação: a do Walmart se baseia em áreas geográficas; a da Progressive, em dados demográficos; e a da Edward Jones, em dados psicográficos.

Visto que o Walmart é a maior rede varejista do mundo, com vendas superiores a US$ 400 bilhões, pode parecer irrelevante saber qual o segmento atendido por ele. Mas, como toda grande empresa, o Walmart nasceu pequeno e teve de escolher um lugar por onde começar. A escolha de um grupo específico de clientes a atender foi seu ponto de partida. Na década de 1960, quando iniciou suas operações, as lojas de desconto eram um modelo de negócio novo, revolucionário. Enquanto os primeiros competidores se concentravam em grandes cidades e áreas metropolitanas, como Nova York, Sam Walton tomou outro rumo: escolheu comunidades rurais isoladas, com população entre 5 mil e 25 mil habitantes. A "estratégia-chave" do Walmart, nas próprias palavras de Walton, "era colocar lojas de tamanho razoável em cidadezinhas de pouca importância, que todos os demais estavam ignorando".

No tocante às cinco forças, essa escolha de clientes isolou o Walmart da rivalidade direta com outras lojas de desconto. Embora as pessoas tendam a considerar o Walmart um competidor feroz, a rede começou evitando completamente a competição de igual para igual. Dessa maneira, teve muitos anos para tomar o fôlego necessário para desenvolver e ampliar seu posicionamento como fornecedor de preço baixo todo dia.

A Progressive, companhia de seguro automotivo de Ohio, também desenvolveu uma estratégia em torno de um segmento de cliente desprezado em seu setor. Durante cerca de três décadas, a empresa prosperou atendendo o que o setor denominava motoristas "fora do padrão", aqueles mais propensos a se envolver em acidentes e requerer indenização (por exemplo, donos de motocicleta ou motoristas com histórico de dirigir alcoolizados). Com poucas alternativas, esses consumidores fora do padrão geralmente tinham pouco poder de negociação.

Por fim, no negócio de gestão de fortunas, percebe-se que quase todos correm atrás do mesmo segmento demográfico: pessoas com grande patrimônio líquido. Mas não a Edward Jones, uma das corretoras norte-americanas de sucesso mais consistente. Durante 30 anos, ela se concentrou em clientes definidos não pelo montante de dinheiro que possuem, mas por suas atitudes em relação ao investimento. A Jones atende investidores conservadores que delegam decisões financeiras a um consultor de confiança. No tocante às cinco forças, esse segmento de cliente tem-se mostrado menos interessado em preço e mais fiel.

Como frequentemente acontece, cada uma dessas proposições de valor visou um grupo de clientes negligenciado ou evitado pelo setor. No entanto, isso não é essencial. No setor de seguros, por exemplo, a USAA tem tido um desempenho fora de série com uma proposição de valor dirigida a clientes de baixo risco. Eis o que *é* essencial: identificar um modo único de atender ao segmento escolhido com lucratividade.

QUE NECESSIDADES?

Em diversos casos, escolher a necessidade a ser atendida pela empresa é a decisão primordial que leva aos outros dois lados do triângulo. Aqui, a estratégia é desenvolvida com base na capacidade única de satisfazer uma necessidade específica ou um subconjunto delas. Frequentemente, essa capacidade surge de recursos específicos de um bem ou serviço. De modo geral, proposições de valor baseadas em necessidades atraem um mix de clientes que talvez desafie a segmentação tradicional. Em vez de pertencerem a uma categoria demográfica clara, os clientes de uma empresa serão definidos por uma ou mais necessidades comuns que eles compartilham em determinado momento.

> De modo geral, proposições de valor baseadas em necessidades atraem um mix de clientes que talvez desafie a segmentação demográfica tradicional.

A Enterprise Rent-A-Car é líder de mercado em serviços de locação de veículos na América do Norte, onde supera competidores dominantes no passado, como a Hertz e a Avis. A Enterprise também tem sido muito mais lucrativa. É a única empresa de porte do setor a apresentar lucratividade superior sustentável porque, durante décadas, perseguiu uma estratégia diferenciada.

A proposição de valor da Enterprise baseia-se em um simples *insight*: alugar um carro atende a necessidades diferentes em momentos diferentes. A Hertz e os seguidores dela no setor desenvolveram seus negócios em torno dos viajantes, isto é, pessoas longe de casa, em viagem de negócios ou lazer. A Enterprise identificou que uma parcela minoritária, porém de tamanho considerável, das locações, cerca de 40% a 45%, ocorre na própria cidade onde residem os locatários. Se, por exemplo, seu carro for roubado ou danificado em um acidente, você precisará locar um veículo. Nesses casos, sua companhia de seguro pode cobrir o gasto, geralmente dentro de limites contratuais pré-acordados. Cerca de um terço do faturamento da Enterprise provém das seguradoras. Outras ocasiões também demandam locações na cidade de residência; por exemplo, quando um carro apresenta defeito mecânico ou quando um filho está em casa, nas férias da faculdade. Em todos esses usos, os locatários tendem a ser mais sensíveis a preço do que os viajantes a negócios ou lazer.

A Enterprise elaborou uma proposição de valor única para atender a essas necessidades: locações na cidade de residência, com comodidade e preços razoáveis. Em comparação com a Hertz e Avis, a Enterprise escolheu atender a uma necessidade diferente, com um preço relativo diferente. Não é que ela seja a *melhor* locadora de automóveis. Nem que seu mercado de atuação seja, por natureza, melhor. No entanto, a começar pela necessidade específica atendida, a Enterprise fez uma escolha *diferente* a respeito do triângulo de proposição de valor. Sua base de clientes frustraria a segmentação tradicional de mercado por meio de características demográficas.

A Zipcar, que iniciou atividades em 2000, na cidade de Cambridge, no estado de Massachusetts, está seguindo um caminho diferenciado em locações de carro na cidade de residência. Sua proposição de valor visa outro tipo de consumidor, com outro tipo de necessidade (*veja Figura 4.2*). Os zipsters, como os clientes da empresa são chamados, costumam ser pessoas que preferem não ter automóvel, mas, ocasionalmente, precisam de um. A Zipcar oferece aluguel de veículo por períodos tão curtos quanto uma hora.

FIGURA 4.2 MAPAS DE POSICIONAMENTO

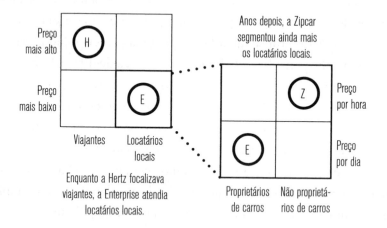

A Zipcar oferece um mix interessante e complexo de valor: conveniência extrema na coleta e devolução do veículo; flexibilidade extrema no período de locação; preço transparente, com tudo incluído, até seguro e gasolina; e o fator intangível associado ao arrojo de uma marca em rápido crescimento. Devo acrescentar que, pelo fato de estar no estágio inicial de desenvolvimento, sem dúvida essa empresa continuará a testar os limites de sua proposição de valor e fazer ajustes nela enquanto aprende com o processo.

QUE PREÇO RELATIVO?

Para algumas proposições de valor, o preço relativo é o principal lado do triângulo. Algumas proposições de valor visam clientes que são atendidos além da necessidade (e, portanto, superfaturados) por outras ofertas de bens ou serviços do setor. Uma empresa pode conquistá-los eliminando custos desnecessários e satisfazendo "apenas o suficiente" de suas necessidades. No nível do produto, pense na diferença entre um celular com funções básicas e um smartphone mais caro, cheio de recursos. Quando o atendimento aos clientes é exagerado, o preço relativo menor costuma ser o lado dominante do triângulo.

Por outro lado, algumas proposições de valor visam clientes que são mal atendidos (e, portanto, subfaturados) por outros produtos do setor. Por exemplo, os consumidores que escolhem a NetJets, uma empresa de táxi aéreo, em vez de viajar de primeira classe em uma companhia aérea convencional, querem um serviço especial e estão dispostos a pagar um alto sobrepreço por isso. Da mesma forma, a dinamarquesa Bang & Olufsen (B&O) oferece algo mais do que a qualidade sonora espetacular apresentada por outros fabricantes sofisticados de equipamentos de áudio. Os clientes da B&O desejam produtos que tenham boa aparência, além de qualidade sonora, e aceitam pagar mais por um belo design. Nas proposições de valor como a da B&O, a necessidade não satisfeita é, em geral, o lado dominante do triângulo, enquanto o preço relativo maior sustenta os custos extras que a empresa tem de assumir para satisfazê-la.

Quando as necessidades são superestimadas: o exemplo da Southwest. De acordo com a lenda corporativa, eis como a Southwest Airlines nasceu: no final de década de 1960, "um sujeito disse a outro: 'Tenho uma ideia. Por que não criamos uma companhia aérea que cobra pouco e tem muitos voos por dia, em vez de fazer como os outros que cobram muito por poucos voos?'" Em poucas palavras, essa é a proposição de valor da Southwest Airlines: preços muito baixos integrados com serviços muito convenientes.

A Southwest Airlines, a mais bem-sucedida – e a mais imitada – companhia aérea do mundo, prosperou satisfazendo "apenas o suficiente" das necessidades de seus clientes, com preços extremamente baixos. Desde seu modesto começo em 1971, quando voava para apenas três cidades no Texas, a Southwest cresceu e se tornou uma das líderes mundiais do setor, tanto em tamanho quanto em lucratividade. E conseguiu isso com uma proposição de valor que, há três décadas, difere radicalmente das proposições da concorrência.

A Southwest não prometia levar passageiros a qualquer lugar que desejassem, como faziam suas concorrentes. Nem oferecia as comodidades básicas que já foram o padrão do setor: refeições, assentos marcados ou transferência de bagagem. As companhias aéreas de serviço completo (talvez um termo que não descreva mais com exatidão as transportadoras tradicionais, com seus custos e preços mais elevados) excediam-se no atendimento às necessidades de muitos viajantes que faziam as rotas ponto a ponto da Southwest.

A proposição de valor da Southwest coloca a empresa em uma posição única no tocante às cinco forças. Como se sabe, o setor da aviação comercial é brutalmente adverso.

- Os fornecedores, especialmente os sindicatos, e também os fabricantes de aviões são poderosos.
- Os clientes são poderosos porque se importam com o preço e dispõem de custos de transferência baixos.
- Os concorrentes, às voltas com custos fixos altos, competem em preço para ocupar os assentos.

- Os novos entrantes são uma ameaça constante, pois as barreiras de entrada são menores do que se possa imaginar. É possível começar uma companhia aérea com dois aviões arrendados.
- Os substitutos mantêm os preços baixos. Os clientes podem escolher outros meios de transporte, especialmente em viagens mais curtas.

Custos relativos baixos proporcionaram à Southwest a proteção necessária contra a competição autodestrutiva baseada em preço do setor. Além disso, sua proposição de valor deu-lhe um posicionamento verdadeiramente único em relação à última força: a substituição. Suas baixas tarifas tornam a viagem aérea uma alternativa atraente para viajantes sensíveis a preço, acostumados a viajar de carro ou ônibus. Nos primeiros anos, um acionista perguntou ao CEO Herb Kelleher se a Southwest não poderia aumentar só um pouco os preços, pois sua tarifa de US$ 15 no trajeto entre Dallas e San Antonio era muito menor do que a de US$ 62 da Braniff. Kelleher respondeu negativamente, sustentando que seu verdadeiro concorrente era o transporte terrestre, e não outras companhias aéreas.

Vamos analisar a primeira expansão da Southwest além das três cidades originais: Dallas, Houston e San Antonio. A escolha foi Harlingen, no Texas, uma cidade no vale do Rio Grande da qual, provavelmente, poucas pessoas já ouviram falar. Um ano antes do lançamento do novo serviço, 123 mil passageiros voaram das cidades-base da Southwest para a região do vale. Um ano depois do início dos voos para Harlingen, o volume de passageiros pulou para 325 mil.

E o preço não era o único atrativo. A Southwest também oferecia mais conveniência. Primeiro, suas partidas frequentes permitiam que os clientes viajassem no horário que quisessem. Segundo, seus voos chegavam na hora marcada e não havia longas filas de espera no balcão de atendimento. Terceiro, os aeroportos secundários que se tornaram centrais para a estratégia da Southwest ficavam mais perto dos centros urbanos, reduzindo o tempo total de deslocamento dos passageiros. Essas comodidades atraíam sobretudo os viajantes a negócios.

A Southwest não equacionou todos os elementos de sua proposição de valor de imediato. Isso raramente acontece com as empresas. Ela aprendeu fazendo. Eis um exemplo clássico de como isso se deu na prática. Em 1971, um dos aviões em Houston precisava ir para Dallas, onde passaria por manutenção de rotina no fim de semana. Lamar Muse, o CEO na época, não quis que o avião voasse vazio, considerando que alguma receita era melhor do que nada. Ele ofereceu assentos no voo noturno da sexta-feira por US$ 10, metade da tarifa-padrão daquela rota. O voo saiu lotado, gerando receita extra para uma empresa iniciante que tentava se firmar.

Ainda melhor do que o dinheiro em caixa foi um *insight* revolucionário sobre os clientes da Southwest. Alguns eram claramente mais sensíveis a preço, e menos preocupados com o tempo, do que outros. Muse agiu sem demora. Ele aumentou a tarifa dos horários de pico para US$ 26 e reduziu a tarifa fora desse período para US$ 13. Atualmente, a prática de múltiplos níveis de preço é padrão no setor, mas, na época, foi uma inovação importante que permitiu à Southwest segmentar mais seus clientes e lotar seus aviões. As tarifas mais baixas fora do horário de pico atraem os viajantes a lazer, que são mais sensíveis a preço e mais flexíveis quanto ao horário em que viajam do que os passageiros a negócios.

Dessa maneira, a proposição de valor da Southwest cruzou a fronteira dos segmentos tradicionais de clientes, atraindo, em determinadas ocasiões, uma variedade deles: viajantes a negócios, famílias e estudantes. Em vez de satisfazer todas as necessidades de um público-alvo o tempo todo, a Southwest satisfaz um tipo de necessidade que vários públicos têm ao menos em algum momento. Ela criou uma espécie diferenciada de valor que a distinguiu, por décadas, das outras companhias aéreas.

Embora tenha sido muito imitada, seria um erro afirmar que a Southwest descobriu a "melhor" proposição de valor para o setor. Ela é, isso sim, "a melhor" em atender a uma necessidade específica, a um preço relativo específico.

Quando as necessidades são subestimadas: o exemplo do Aravind Eye Hospital. O Aravind Eye Hospital, da Índia, foi fundado em 1976, por um cirurgião aposentado do exército, Govindappa Venkataswamy, conhecido como dr. V. Ele não precisou de um mapa detalhado de segmentação de mercado para identificar uma grande população com uma necessidade muito mal atendida. Milhões de indianos sofriam de cegueira evitável porque não podiam pagar uma cirurgia de catarata. Começando com apenas 11 leitos e três médicos, o hospital Aravind tornou-se o maior provedor mundial de tratamentos oftalmológicos, realizando cerca de 300 mil cirurgias por ano, ao menos dois terços delas gratuitamente.

O Aravind possui uma proposição de valor notável. Ou melhor, *duas* proposições de valor. Uma visa clientes abastados, que buscam o melhor tratamento oftalmológico que o dinheiro pode comprar. Esses pacientes querem ser atendidos por médicos renomados, em instalações de ponta, e estão dispostos a pagar o preço de mercado por um serviço médico tão avançado. Essa é uma das proposições de valor.

A segunda é voltada para aqueles que não podem pagar e correm o risco de ficar cegos. O Aravind garante-lhes a visão e a independência decorrente disso. O tratamento médico é idêntico ao dado para os pacientes pagantes – os mesmos médicos e os mesmos centros cirúrgicos. Já o serviço de acomodação e refeição é bastante despojado. Mas o preço cobrado é ainda mais despojado, tendendo a zero.

O Aravind obteve sucesso atendendo às necessidades essencialmente importantes para dois segmentos distintos de cliente, a faixas distintas de preço. O mais notável é que o negócio é financeiramente autossustentável – não depende de dinheiro público nem de doações filantrópicas, embora estas sejam cada vez mais frequentes em virtude do sucesso do hospital. Em vez disso, sua estratégia tem-se mostrado sustentável há mais de três décadas.

> O primeiro teste de uma estratégia é se a proposição de valor difere da adotada pela concorrência. Se uma empresa procura atender os mesmos clientes *e* satisfazer as mesmas necessidades *e* vender no mesmo preço relativo, então, de acordo com a definição de Porter, ela não tem uma estratégia.

Na maioria dos negócios, há diversas configurações possíveis referentes ao triângulo de proposição de valor. Algumas empresas atendem praticamente todos os clientes do mercado, mas só satisfazem uma necessidade específica ou um grupo delas. Outras empresas atendem uma base de clientes mais específica, mas visam satisfazer mais de suas necessidades. Há também as que fornecem maior valor a um sobrepreço. Ou as que, habilitadas pela eficiência, oferecem um preço relativo baixo.

O primeiro teste de uma estratégia é se a proposição de valor difere da adotada pela concorrência. Se uma empresa procura atender os mesmos clientes *e* satisfazer as mesmas necessidades *e* vender no mesmo preço relativo, então, de acordo com a definição de Porter, ela não tem uma estratégia. Está, isso sim, competindo para ser a melhor.

O SEGUNDO TESTE: UMA CADEIA DE VALOR SOB MEDIDA

Para descrever uma estratégia, a proposição de valor é o ponto de partida natural. É intuitivo pensar na estratégia como um mix de benefícios voltados a satisfazer as necessidades dos clientes. No entanto, o segundo teste da estratégia é muitas vezes negligenciado, por não ser nem um pouco intuitivo. Segundo Porter, uma proposição de valor distintiva não se converterá em uma estratégia significativa, a menos que o melhor conjunto de atividades a entregá-la seja diferente daquelas desempenhadas pelos concorrentes. Essa lógica é simples e irrefutável: "Se não fosse esse o caso, cada competidor poderia satisfazer as mesmas necessidades, e não haveria nada único ou valioso a respeito do posicionamento".

O *insight* sobre as necessidades dos clientes é importante, mas não é suficiente. A essência da estratégia e da vantagem competitiva se situa nas *atividades*, na decisão de *executar as atividades de maneira diferente* ou *executar atividades diferentes* daquelas da concorrência. Cada uma das empresas que acabamos de descrever fez exatamente isso, adequando as cadeias de valor a suas proposições de valor.

WALMART, PROGRESSIVE E EDWARD JONES

Retornemos ao trio de empresas cujas proposições de valor foram desenvolvidas em torno do atendimento a um cliente distinto. Começaremos nossas considerações sobre cadeias de valor sob medida destacando simplesmente as principais escolhas de atividade que refletem o segmento escolhido pela empresa, e como elas diferem daquelas feitas pelos concorrentes que atendem outro tipo de cliente.

Primeiro, o Walmart. Enquanto outras lojas de descontos decidiram instalar lojas em grandes áreas metropolitanas, o Walmart investiu em pequenas localidades, onde o percurso de carro até a cidade grande mais próxima levava aproximadamente quatro horas. Walton conhecia esse terreno muito bem. Ele acertou na aposta de que, se suas lojas conseguissem igualar ou bater os preços da cidade grande, "as pessoas comprariam em casa". Além disso, muitos dos mercados do Walmart eram pequenos demais para abrigar mais do que um grande varejista. Era uma poderosa barreira de entrada. Como pioneiro, Walton foi capaz de se antecipar aos competidores e desestimulá-los de ingressar no território do Walmart, dando tempo para a empresa aprimorar as fontes duradouras de sua vantagem competitiva: a capacidade de oferecer preço baixo todo dia, em mercados de todo o país e no exterior.

O público-alvo da Progressive impôs um desafio especial. Como transformar um mau motorista em um cliente lucrativo? A empresa precisava de uma cadeia de valor diferente do padrão do setor. Primeiro, a Progressive tratou a avaliação de risco de outra maneira, criando um grande banco de dados com indicadores mais detalhados, capazes de prever melhor a probabilidade de acidentes. Esses dados serviram para localizar riscos aceitáveis em grupos que pareciam maus motoristas para outras seguradoras. Por exemplo, entre os indicados por dirigir alcoolizados, aqueles com filhos apresentavam menor probabilidade de reincidência; entre os motociclistas, os donos de motos Harley com idade acima de 40 anos saíam com menos frequência com suas máquinas. A Progressive usou informações como essas para definir preços de modo que até mesmo os piores clientes pudessem ser lucrativos. Sua vantagem competitiva, portanto, começou com o preço relativo (para riscos comparáveis).

Em segundo lugar, como os acidentes eram prováveis, a Progressive concentrou-se em minimizar seus custos quando ocorressem. Por exemplo, quanto mais rápido os pedidos de indenização fossem pagos, mais a empresa economizaria. (Menos tempo significava menos ações judiciais.) A cadeia de valor da Progressive executava isso de diversas maneiras. No caso mais extremo, um perito de sinistros, equipado com uma van da seguradora e um laptop, poderia ir diretamente até a cena do acidente e emitir um cheque no local. Essa não era uma prática comum no setor. Assim, a vantagem competitiva da Progressive também tinha um componente de custo relativo menor.

Tal qual a Progressive, a Edward Jones também adequou a cadeia de valor ao segmento de clientes escolhido: investidores individuais conservadores, que queriam um consultor confiável para tomar decisões financeiras por eles. Tendo em vista que a confiança é construída por meio de relações diretas e pessoais, a Jones investe em escritórios localizados em áreas de maior conveniência e por toda parte: em cidades pequenas, longe dos centros urbanos e dentro de shopping centers. Cada escritório possui apenas um consultor financeiro; um modelo único no setor. A Jones prefere contratar consultores fora do setor, procurando pessoas com espírito empreendedor e comunitário. A empresa não economiza no treinamento dos novos funcionários em sua linha de produtos conservadores (geralmente, investimentos em *blue chips*) e em sua filosofia "buy and hold" (comprar e manter).

A Jones paga um preço por essas atividades personalizadas ao cliente-alvo. Ela abre mão da receita de transações mais frequentes e dos investimentos menos conservadores que têm margens maiores. Seus gastos com treinamento e instalações são altos em relação a outras corretoras. Entretanto, essas atividades criam valor para os clientes que ela escolheu e que estão dispostos a pagar um sobrepreço elevado (US$ 100 por transação em contraste com os US$ 8 cobrados por corretores de baixo custo) pelo toque pessoal e confiável da Jones.

CADEIA DE VALOR DO ARAVIND

A inspiração original do hospital Aravind veio da fonte mais improvável: o McDonald's. O dr. V. queria realizar cirurgias de catarata com a eficiência e a consistência com que o McDonald's produzia hambúrgueres. E projetou um sistema que faz exatamente isso.

Basicamente, enquanto um cirurgião está operando um paciente, outro já está preparado em uma mesa próxima. Ao terminar uma cirurgia, o médico simplesmente se vira e começa a seguinte. Nem um minuto de seu valioso tempo é perdido. Todos os profissionais na sala de operação, incluindo o cirurgião, são treinados para seguir um procedimento padronizado. Cada etapa do processo é cuidadosamente integrada para produzir um todo eficiente.

Os resultados falam por si mesmos: no período de 2009 a 2010, o Aravind realizou cerca de 5% de todas as cirurgias oftalmológicas da Índia, empregando apenas 1% da força de trabalho do país nessa especialização. O feito espelha aquele da linha de montagem de Henry Ford para o modelo T, que tornou os operários da Ford cinco vezes mais produtivos do que a média da indústria automobilística. O Aravind tornou a cirurgia de catarata financeiramente acessível aplicando os elementos básicos de projeto que Ford utilizou para tornar os carros financeiramente acessíveis às massas: padronização das atividades, especialização da mão de obra e dos equipamentos e uma linha de produção para grande volume com funcionamento contínuo.

O modelo operacional impulsiona a capacidade do Aravind de criar valor, mas a história não para por aí. Afinal, de que adianta ser um produtor de baixo custo em um mercado onde até mesmo o baixo custo é alto demais? A solução do dr. V. foi a de cobrar preços de mercado dos clientes pagantes. Visto que os custos do Aravind são muito menores do que o de outros provedores, cada cliente pagante subsidia o tratamento gratuito de outros dois. Essa é, *grosso modo*, a aritmética da vantagem competitiva do Aravind.

As escolhas da cadeia de valor do Aravid sustentam sua capacidade de atrair clientes pagantes, que são internados em uma ala ou um prédio distinto, com todos os confortos modernos. O verdadeiro atrativo, porém, é a qualidade do tratamento médico. O Aravind destaca-se pela excelência profissional. Desenvolveu um importante instituto de ensino e pesquisa, que mantém relações com avançados centros oftalmológicos de todo o mundo. Seus médicos são de nível internacional.

Provavelmente, neste momento, os leitores que conhecem os desafios enfrentados por administradores hospitalares estão fazendo um gesto negativo com a cabeça. Como é possível que cirurgiões concordem em ser tratados como operários de linha de montagem? A análise das cinco forças desse setor diria que esses cirurgiões possuem todo poder para demandar jornadas de trabalho menores, salários maiores e mais autonomia. No entanto, o Aravind consegue fazer algo que continua a escapar da prestação de serviços de saúde nos Estados Unidos. Ele monitora custos, tempos e resultados – até os pós-cirúrgicos –, todos podendo ser rastreados para cada médico, e os dados são utilizados para ajudá-los a melhorar seu desempenho.

Há uma resposta fácil para explicar como o dr. V. conseguiu médicos que aceitassem essas condições. Seus primeiros funcionários eram membros da família. Eles simplesmente não podiam dizer não. Também há uma resposta mais séria. O dr. V. desenvolveu uma organização que oferece duas recompensas não monetárias poderosas. Uma é seu compromisso com o desenvolvimento e a excelência profissionais, como se pode ver no treinamento extensivo proporcionado e em suas conexões profissionais. A segunda é um apelo ao serviço abnegado e à compaixão. Trata-se de uma organização dedicada a uma missão. E essa missão, tão intangível quanto pareça, contribui para a vantagem competitiva do Aravind de modo tangível. Os valores desse hospital permitem que recrute e retenha os talentos de que necessita, além de configurar suas atividades de forma notável – uma forma perfeitamente adequada a sua proposição de valor.

O Aravind oferece tratamento oftalmológico de qualidade por um preço acessível a todos. Essa é sua proposição de valor. E sua cadeia de valor sob medida transforma essa promessa em uma estratégia.

ATIVIDADES SOB MEDIDA DA SOUTHWEST

Comparar o Aravind, um hospital de altos princípios, com a Southwest Airlines, uma companhia aérea que preza a diversão, pode parecer um exagero, mas, no sentido estratégico, essas empresas têm muito em comum e muito a ensinar acerca de estratégia. Ambas apresentaram desempenho superior sustentável em face de condições setoriais adversas.

Assim como o Aravind, a Southwest fomentou uma cultura de serviços que fez sua estratégia funcionar. Ela passou a maior parte de seus primeiros anos travando batalhas legais que ameaçavam sua própria sobrevivência. No Texas, as companhias aéreas estabelecidas não queriam que um competidor de baixo custo entrasse no mercado. Utilizaram todas as armas legais e políticas que o dinheiro podia comprar para impedir a operação da nova entrante. Isso intensificou o sentido de missão da Southwest, criando uma distintiva cultura "guerreira", dedicada a libertar os viajantes do domínio de um setor hostil ao cliente. Os funcionários da Southwest, tal qual os do Aravind, fazem um esforço extra. Embora sindicalizados, nunca adotaram uma atitude contra o empregador, que fosse antagônica, de soma zero, e que atormentava as outras companhias aéreas. Isso favorece a vantagem competitiva, elevando a satisfação do cliente e reduzindo os custos relativos. Por exemplo, tanto a Southwest quanto o Aravind beneficiam-se da baixa rotatividade de pessoal.

Antes de o sucesso da Southwest sacudir o setor da aviação comercial, a maioria das companhias aéreas buscava um modo comum de competição, imitando entre si os sistemas do tipo "hub and spoke"*, estruturas de preço, programas de milhagem e acordos sindicais. A Southwest escolheu não buscar essas "melhores práticas" setoriais; algumas delas, meios válidos de concorrência que atendem a outras necessidades, em outros tipos de rota. Em vez disso, a Southwest criou uma configuração de atividade sob medida para fornecer um produto único.

A companhia aérea tradicional de serviço completo é projetada para levar os passageiros praticamente de qualquer ponto A para qualquer ponto B.

---

* Nas rotas "hub and spoke" (cubos e raios) as empresas aéreas escolhem uma determinada cidade para ser o centro de distribuição de seus voos. (N. T.)

Para atingir um grande número de destinos e atender passageiros com voos de conexão, essas transportadoras empregam um sistema do tipo "hub and spoke" nos principais aeroportos. Para atrair passageiros que desejam mais conforto ou serviços, oferecem primeira classe e classe executiva. Para acomodar os que precisam trocar de aeronave, coordenam tabelas de horário e transferem bagagens. Visto que alguns passageiros vão viajar durante horas, as companhias aéreas de serviço completo costumam servir refeições.

Em contraste, a Southwest adequou todas as atividades para fornecer serviço frequente em seu tipo específico de rota, com o custo mais baixo. Desde o início, não ofereceu refeições, assentos marcados, controle de bagagem intercompanhias ou classes especiais de serviço; tudo isso contribuiu para tempos mais rápidos de *turnaround* nos terminais de embarque, como vimos no Capítulo 3. Assim, a Southwest pode manter os aviões voando por mais tempo e oferecer partidas frequentes com menos aviões. As equipes do terminal de embarque e de terra são mais enxutas, flexíveis e produtivas que as da concorrência. Uma frota padronizada de aeronaves aumenta a eficiência da manutenção. Quando os sites de viagem se disseminaram como um canal de distribuição, a maioria das companhias aéreas rapidamente se inscreveu neles (uma decisão ruim para a estrutura do setor, pois pressionou os clientes a comprar somente com base no preço). Mas não a Southwest. Seus passageiros compram passagens diretamente no site da empresa, evitando outros canais e o pagamento de comissões de venda.

Esses são apenas alguns dos condicionantes de custo que sustentam a vantagem competitiva da Southwest, permitindo-lhe o atendimento de mais passageiros por funcionário e maior número de partidas diárias por terminal e de horas de uso por avião. A Southwest assumiu uma posição estratégica única e valiosa baseada em um conjunto personalizado de atividades. Nas rotas atendidas pela Southwest, uma companhia aérea de serviço completo nunca poderia ser tão conveniente nem ter tão baixo custo.

Às vezes, um posicionamento estratégico, especialmente se tiver um alto grau de foco, será visto como delimitador de um "nicho". Essa palavra implica que a oportunidade de mercado é pequena. Embora isso possa ocorrer, até mesmo competidores focados podem ser de grande porte. No caso da Southwest, o que inicialmente parecia um nicho restrito revolucionou o setor da aviação comercial. Tanto ela quanto nosso próximo exemplo, a Enterprise Rent-A-Car, tornaram-se líderes setoriais.

CADEIAS DE VALOR NA LOCAÇÃO DE CARROS

A proposição de valor única da Enterprise – locação de carro para moradores locais – é só uma parte da história de seu sucesso. As escolhas que ela fez na configuração da cadeia de valor explicam sua vantagem competitiva. A Enterprise foi capaz de atender clientes em busca de preços mais baixos porque essas necessidades podiam ser satisfeitas com uma configuração de atividades distinta e de custo menor. O *insight* estratégico da Enterprise foi o de que sua proposição de valor específica *requeria* uma cadeia de valor completamente diferente em relação a uma Hertz ou a uma Avis.

Outras empresas de locação de veículos escolhiam instalações de aluguel elevado, porém convenientes para viajantes; por exemplo, aeroportos, estações ferroviárias ou hotéis. Não a Enterprise. Ela preferia escritórios pequenos, muitas vezes simples balcões comerciais, espalhados por toda uma área metropolitana; uma prática adotada quando o fundador Jack Taylor começou seu minúsculo negócio de arrendamento de carros em St. Louis, em 1957. No entanto, conforme a empresa crescia e sua estratégia emergia, a mesma coisa acontecia com a lógica estratégica. Nada podia ser mais inconveniente para um locatário da própria cidade do que ter de ir ao aeroporto para pegar um carro.

> **É POSSÍVEL SER DIFERENCIADO E DE BAIXO CUSTO AO MESMO TEMPO?**
>
> Já no início da carreira, Porter identificou um conjunto de estratégias genéricas – foco, diferenciação e liderança em custo – que logo se tornou uma das ferramentas mais amplamente utilizadas para analisar escolhas estratégicas fundamentais. Cada uma das três reflete o nível mais básico de consistência que toda estratégia eficaz deve ter. O *foco* refere-se ao nível de abrangência ou convergência do grupo de clientes e necessidades atendido por uma empresa.

A *diferenciação* permite que ela obtenha um sobrepreço. A *liderança em custo* sustenta a competição por meio de um preço relativo baixo. Essas caracterizações amplas de tipos de estratégia captam as dimensões fundamentais da escolha estratégica pertinente em qualquer setor.

Ao mesmo tempo, Porter descreveu um erro estratégico comum, que passou a ser conhecido como ficar estagnado no meio do caminho. Isso ocorre quando uma empresa tenta ser todas as coisas para todos os clientes e é superada por líderes em custo, por um lado, que satisfazem "apenas o suficiente" das necessidades de seus clientes, e pelos diferenciadores, por outro, que conseguem atender melhor os clientes que "querem mais" (de algum atributo específico que eles valorizam).

Isso significa que uma empresa não pode ser diferenciada e de baixo custo ao mesmo tempo? De modo algum; embora esse seja outro conceito errôneo persistente. Às vezes, a obra mais antiga de Porter (de 1980, aproximadamente) é citada como evidência do contrário. No entanto, na década de 1990, ele refinou sua obra sobre o vínculo entre a proposição de valor e a cadeia de valor; obra essa que deveria ter posto um ponto-final no mal-entendido. "Quando se analisam a fundo as necessidades específicas que são atendidas por produtos específicos", ele explica, "percebe-se que as escolhas/combinações possíveis são muito mais complexas. As estratégias genéricas identificavam o tema dominante de uma estratégia, como o custo relativo. Contudo, as estratégias eficazes integram múltiplos temas de um modo único. Raramente, as necessidades dos clientes são unidimensionais e, portanto, uma estratégia que as satisfaça também não o seria. Quando uma empresa define quais clientes e a que necessidades atenderá, e adapta sua cadeia de valor a essas escolhas, é possível ela ser diferenciada, de baixo custo e focada ao mesmo tempo, como fez a Enterprise. Ou, tal qual a Southwest, ser mais conveniente e ter custo mais baixo, sem ficar estagnada no meio do caminho."

O que começou como um acaso da história inicial da empresa se tornou uma questão de escolha estratégica. Para seu público-alvo, a localização de vizinhança da Enterprise, atualmente a cerca de 24 quilômetros de 90% da população norte-americana, é mais conveniente. O aluguel também é menor, permitindo à empresa cobrar preços inferiores aos dos concorrentes. Somente em 1995, mais de 35 anos depois da fundação, a Enterprise instalou-se pela primeira vez em um aeroporto. No setor de locação de veículos, é fácil perceber que a configuração ideal dos escritórios difere bastante entre viajantes e locatários residentes na própria cidade.

Na realidade, a competição de soma positiva é possível exatamente porque há diversas maneiras de configurar a maioria das atividades. A Zipcar conseguiu abolir completamente os escritórios. Os zipsters são associados cujas informações estão arquivadas eletronicamente, eliminando toda papelada usual de uma transação de locação. A tecnologia torna desnecessário o pessoal de atendimento ao cliente, pois os zipsters fazem as reservas on-line. Os carros da Zipcar ficam estacionados em pontos específicos espalhados pela área metropolitana. Cartões de acesso especial (zipcards), com chips wireless embutidos, permitem que os associados abram o carro que reservaram somente no horário de locação especificado. Transponders sobre o para-brisa registram o tempo de utilização e a quilometragem, dados esses que são comunicados diretamente para um computador central por tecnologia sem fio. Com a Zipcar, locar um carro é tão fácil quanto sacar dinheiro de um caixa eletrônico.

Outras partes da cadeia de valor também são ajustadas. Toda locadora de veículos precisa configurar sua frota. Visto que os viajantes a negócios ou lazer costumam querer modelos especiais – como utilitários esportivos ou conversíveis –, a Hertz e a Avis incluem esses carros cobiçados em suas frotas. Já os locatários da Enterprise, residentes na própria cidade, ficam satisfeitos com modelos básicos, de custo inferior. Eles também se preocupam menos com o ano de fabricação de um carro, permitindo que a Enterprise mantenha os seus por mais tempo do que as locadoras orientadas para viajantes. A Zipcar está construindo sua marca com uma frota "descolada", como o ecológico Honda Insight e o BMW Mini.

Para a Zipcar, os próprios carros, exibindo o logotipo moderno da empresa, são como outdoors ambulantes, que divulgam sua marca para a comunidade. Ela também atrai novos clientes por meio de diversas parcerias com escolas e empresas. De acordo com sua proposição de valor, a Enterprise tende a se promover junto a seguradoras e concessionárias, outra forma importante de manter os custos reduzidos. Em contraste, a Hertz utiliza propaganda tradicional onerosa para atrair seus viajantes a negócios ou lazer.

Quando uma empresa se concentra em fornecer um tipo diferente de valor para um conjunto diferente de clientes – para Porter, a essência do posicionamento estratégico –, a lista de diferenças na cadeia de valor pode ser extensa (*veja Quadro 4.1*).

QUADRO 4.1 TODA PROPOSIÇÃO DE VALOR É MAIS BEM FORNECIDA POR UMA CADEIA DE VALOR SOB MEDIDA

	Hertz	Enterprise	Zipcar
Proposição de valor			
Cliente/necessidade	Viajantes longe de casa; locação diária	Carros substitutos para residentes locais; locação diária	Carros para residentes locais não proprietários; locação por hora
Preço	Sobrepreço: contas corporativas ou viagem a lazer	Econômico: companhia de seguro ou do próprio bolso	Varia com o uso: assinatura mais tarifa por hora
Escolhas da cadeia de valor			
Localização do escritório	Aeroportos, hotéis, estações de trem ($$$)	Em toda a área metropolitana, shoppings centers ($)	Nenhuma
Escolhas da frota	Variedade completa de novos modelos	Carros "normais"; frota mais antiga	Carros "descolados"
Marketing	Propaganda tradicional ($$$)	Promoção por meio de oficinas, companhias de seguro ($)	Boca a boca, parcerias com escolas

OS LIMITES SÃO ESSENCIAIS

Na proposição de valor, as escolhas que limitam o que uma empresa fará são essenciais para a estratégia, pois criam a oportunidade de personalizar as atividades com o propósito de entregar esse tipo de valor da melhor forma possível. A adequação só será possível se existirem limites, se não se tentar ser todas as coisas para todas as pessoas. Em outras palavras, os limites possibilitam desenvolver uma cadeia de valor que seja diferente da dos concorrentes que optaram por outro tipo de valor.

> Na proposição de valor, as escolhas que limitam o que uma empresa fará são essenciais para a estratégia, pois criam a oportunidade de personalizar as atividades com o propósito de entregar esse tipo de valor da melhor forma possível.

Trata-se de um teste muito importante, que deve ser aplicado a qualquer estratégia. Se a mesma cadeia de valor puder fornecer com a mesma eficácia diversas proposições de valor, isso significará que essas proposições não têm relevância estratégica. Somente uma proposição de valor que demande uma cadeia de valor sob medida para executá-la pode servir como base para uma estratégia robusta. Essa é a primeira linha de defesa contra os concorrentes.

DESCOBRINDO NOVAS POSIÇÕES: ONDE COMEÇAR

Segundo Porter, "podemos considerar a competição estratégica como o processo de perceber novas posições que cortejam clientes de posições estabelecidas ou atraem novos clientes para o mercado". Ao descrever uma estratégia *a posteriori*, a proposição de valor é o lugar lógico por onde começar, como fiz neste capítulo. Mas, na prática, como as empresas realmente encontram novas posições? Procurar novas maneiras de segmentar clientes ou de satisfazer necessidades não atendidas é um ponto de partida. No entanto, a cadeia de valor – o conjunto único de atividades que uma empresa executa – é um ponto de partida igualmente válido. Na verdade, isso é basicamente o que as empresas fazem ao identificarem suas "forças".

Vamos analisar a Grace Manufacturing, pequena empresa familiar com sede em Arkansas. A Grace não é uma marca familiar, mas seu carro-chefe, o Microplane, é o utensílio preferido dos cozinheiros para ralar queijos duros e obter raspas de frutas cítricas. O Microplane, seguido por dezenas de extensões de linha, criou um novo segmento no setor de utensílios domésticos.

O modo como a Grace descobriu sua posição competitiva é uma história interessante. Ela era fabricante terceirizada de braçadeiras de aço para impressoras, um produto que se aproximava da obsolescência com o avanço da tecnologia de impressão matricial. Diante do iminente fim de seu produto principal, o maior ativo da Grace era um processo patenteado de entalhe, que produzia braçadeiras com bordas afiadas. Chris Grace, atual CEO da empresa, trabalhava no negócio da família enquanto cursava o ensino médio e recorda: "Naquele tempo, se você trabalhava na fábrica, a questão não era se ia cortar o dedo, mas *quando*. Percebemos que éramos bons em fazer coisas afiadas. Então, pensamos, o que podemos fazer que seja bem afiado?" Foi decidido que fabricariam ferramentas para carpinteiros profissionais.

A lima da marca Microplane foi projetada para ser montada em uma armação de arco de serra. Mas, não se sabe como, correu a notícia de que aquela ferramenta servia como um extraordinário utensílio de cozinha. Richard Grace, fundador da empresa, ficou inicialmente decepcionado quando soube como seu produto estava sendo usado. Atualmente, porém, a empresa fabrica uma linha completa de itens afiados para cozinha, desde cortadores de pizza até raladores de chocolate. Além disso, potencializando seu conhecimento patenteado de produzir coisas afiadas, a Grace criou para ortopedistas instrumentos que raspam ossos ou preparam as articulações do quadril para receber implantes. *Patente* é a palavra-chave dessa história. A força da Grace Manufacturing não se restringia à fabricação de coisas afiadas. O mais essencial para a estratégia era que a empresa tinha uma força *única*.

Identificar novas posições competitivas é um ato criativo. Frequentemente, o que desencadeia o *insight* inicial varia de uma pessoa para outra, de uma organização para outra. Não há livro de receitas ou sistema especializado capaz de criar com certeza estratégias vencedoras. Por definição, a estratégia consiste em criar algo único, fazendo um conjunto de escolhas que ninguém mais fez.

A estratégia, então, define um modo de competir que se reflete em um conjunto de atividades responsáveis por fornecer valor único em um conjunto específico de usos ou para um conjunto específico de clientes, ou ambos. Na maioria dos setores, pode haver muitas proposições de valor estrategicamente pertinentes. Isso apenas reflete a grande diversidade de clientes e necessidades, e o fato de que distintas configurações de atividade são muitas vezes requeridas para satisfazer tais necessidades de modo mais eficaz. Mesmo quando um setor produz algo que parece homogêneo, Porter aponta diversas oportunidades em variados pontos na cadeia de valor para obter diferenciação: no fornecimento, no descarte, na certificação e teste e no financiamento, para citar apenas algumas dimensões.

Embora nem toda atividade isolada precise ser única, as estratégias robustas sempre envolvem um grau significativo de adequação. Para conquistar vantagem competitiva, uma empresa deve fornecer seu *valor distintivo* por meio de uma *cadeia de valor distintivo*. Deve realizar atividades diferentes das dos concorrentes ou realizar atividades similares de maneira diferente.

Portanto, a proposição de valor e a cadeia de valor – as duas dimensões essenciais da escolha estratégica – estão inextricavelmente vinculadas. A proposição de valor concentra-se de forma externa no cliente. A cadeia de valor concentra-se de forma interna nas operações. A estratégia é fundamentalmente integrativa, reunindo os lados da demanda e da oferta.

CAPÍTULO 5

TRADE-OFFS:
O ELEMENTO DECISIVO

No último capítulo, apresentei os dois primeiros testes de estratégia de Porter: a proposição de valor única e a cadeia de valor sob medida requerida para fornecê-la. Se há uma mensagem importante a assimilar, é a de que a estratégia requer escolha. A vantagem competitiva depende de fazer escolhas que sejam diferentes daquelas dos rivais, de realizar *trade-offs*. Esse é o terceiro teste de Porter. Os *trade-offs* desempenham um papel tão decisivo que não é exagero denominá-los como o elemento decisivo da estratégia. Eles mantêm coesa a estratégia ao contribuírem para criar e sustentar a vantagem competitiva.

A necessidade de realizar *trade-offs* é outra ideia que se opõe ao pensamento dominante, e isso ocorre de duas maneiras. O primeiro conceito errôneo trata dos próprios *trade-offs*. Os gestores tendem a acreditar que "mais é sempre melhor". Mais clientes, mais produtos, mais serviços significam mais vendas e lucros. É possível ter tudo isso. Pode-se fazer *ambos*, A e B. Se você escolher um ou outro, perderá oportunidades de ganho. Aceitar *trade-offs* é quase um sinal de fraqueza.

O segundo conceito errôneo questiona se é possível, no cenário hipercompetitivo e sobrecarregado de hoje em dia, *sustentar* uma vantagem competitiva. Vivemos em um mundo no qual qualquer coisa pode ser copiada, e o será, um mundo no qual o melhor que se pode esperar no tocante à competição é uma série de vantagens deveras temporárias. Isso lhe soa familiar? Estamos falando, de novo, da competição para ser o melhor.

Mas pense a respeito disso por um instante, e verá que esse argumento não corresponde aos fatos. É verdade que a escolha de uma proposição de valor única não é, por si só, uma garantia de sustentabilidade. Se alguém descobrir uma posição de valor, os imitadores perceberão isso. No entanto, as vantagens competitivas podem e devem persistir por décadas, como atestam empresas como Southwest Airlines, Ikea, Walmart, Enterprise Rent-A-Car, BMW, McDonald's, Apple e muitas outras. O que as estratégias de organizações tão diversas quanto essas têm em comum? A resposta reside em apenas uma palavra: *trade-offs*.

O QUE SÃO *TRADE-OFFS*?

Os *trade-offs* são o equivalente estratégico de uma bifurcação na estrada. Quem pega um caminho não pode pegar o outro simultaneamente. Não importa se a bifurcação na estrada trata das características do produto em si ou da configuração das atividades na cadeia de valor; um *trade-off* significa que não se pode tirar proveito dos dois caminhos, pois as escolhas são incompatíveis.

> Os *trade-offs* são o equivalente estratégico de uma bifurcação na estrada. Quem pega um caminho não pode pegar o outro simultaneamente.

Por exemplo, toda companhia aérea deve escolher um sistema de rotas. Pode ser uma configuração do tipo "hub and spoke", que oferece aos passageiros a possibilidade de viajar para um número muito maior de destinos, porém a um custo maior, ou pode ser um sistema ponto a ponto, que sacrifica a "onipresença", atendendo a um número menor de destinos, porém a um custo menor. A escolha se dá na base de uma coisa em detrimento de outra. Uma companhia aérea pode escolher um sistema ou outro, mas não os dois de uma vez sem criar ineficiências.

Onde há *trade-offs*, produtos ou atividades não são simplesmente diferentes. São inconsistentes. Uma escolha exclui a outra, ou abre mão dela. A competição está cheia de *trade-offs* econômicos. Estes ocupam o próprio cerne da estratégia.

Vamos analisar a Taiwan Semiconductor (TSMC), fabricante de semicondutores que gerou vendas de cerca de US$ 9 bilhões em 2009. Enquanto a maioria dos empreendedores é conhecida por propor novos bens ou serviços, Morris Chang, fundador da Taiwan Semiconductor, criou uma empresa ao reconhecer o valor de um *trade-off* específico, decisivo. Em 1987, quando ele criou a TSMC, quase todas as principais empresas do setor eram o que se chamava de fabricantes de dispositivos integrados (IDMs, na sigla em inglês). Isto é, elas projetavam e fabricavam seus próprios chips (circuitos integrados). Como as instalações para esse fim são muito onerosas, se as IDMs tivessem capacidade ociosa, eles as alugariam por período determinado para empresas menores, que não podiam arcar com a construção de sua própria fábrica. Para as IDMs, as necessidades dessas empresas menores eram apenas algo secundário.

O dr. Chang sabia que essa situação representava um dilema real para as empresas de pequeno porte. Por um lado, não podiam bancar uma capacidade produtiva própria. Por outro, ao terceirizar a produção, colocavam em risco seu ativo mais valioso: a propriedade intelectual. Elas temiam que uma IDM roubasse seus projetos de chip.

Morris Chang estava disposto a realizar um considerável *trade-off*: fabricar para outros projetistas de chips. E ponto final. A Taiwan Semiconductor não entraria no negócio de projetar seus próprios chips. Com essa escolha decisiva, o dr. Chang eliminou o conflito de interesse. Em vez de competir com seus clientes, ele simplesmente cuidaria da manufatura deles. Dessa maneira, criaria mais valor para sua clientela. E, é claro, essa escolha fundamental de política significava que a TSMC tinha uma cadeia de valor diferente daquela de seus concorrentes; suas atividades eram diferentes.

Esse *trade-off* foi a fonte da vantagem competitiva da TSMC. Vale lembrar que a vantagem competitiva não se restringe àquilo que uma empresa faz bem, mas é algo que se reflete em seus resultados financeiros. Ao se concentrar na manufatura, Morris Chang incorria em custos relativos menores (isto é, seus custos de manufatura eram inferiores aos das IDMs rivais). E, uma vez que ele oferecia proteção à propriedade intelectual associada à manufatura, os clientes estavam dispostos a pagar mais pelo valor agregado criado por Chang.

Geralmente, as estratégias robustas incorporam diversos *trade-offs*; as melhores delas, em quase todas as etapas da cadeia de valor. Analisemos a Ikea, gigante sueca de móveis e decoração. Sua proposição de valor é fornecer design e funcionalidade de boa qualidade com preço baixo. Seu cliente-alvo é o que ela denomina uma pessoa "com carteira não recheada". Ao escolher esse tipo específico de valor e as atividades necessárias para fornecê-lo, a Ikea aceitou um conjunto de limites: *não* satisfazer *todas* as necessidades de *todos* os clientes.

Em cada fase importante de agregação de valor no processo de criar e vender móveis e objetos de decoração, a Ikea fez escolhas distintas do que denominarei rede varejista "tradicional" do ramo. Vejamos o seguinte:

- **Projeto dos produtos.** Os móveis da Ikea são modulares e prontos para montar. As redes varejistas tradicionais vendem peças totalmente montadas. Trata-se de um *trade-off* decisivo, do tipo "uma coisa em detrimento de outra". Ou um móvel é totalmente montado ou não. Ao contrário da maioria das outras empresas do setor, a Ikea projeta seus próprios produtos; essa escolha, então, permite que ela realize todos os tipos de *trade-off* decisivo na modelagem e no custo de tudo que vende. Os designers da Ikea recebem metas muito específicas, com restrições claras: projete uma mesinha de centro para determinada linha de produtos e que possa ser vendida por US$ 30. Isso é que é um nítido *trade-off*. Pode-se ter um bom projeto com baixo custo, mas não há jeito de ter, por exemplo, uma mesinha de centro de US$ 30 dólares feita de madeira de lei, ou uma cadeira de US$ 40 com o mais fino couro. Os designers da Ikea têm a missão de realizar *trade-offs* claros com respeito a cada produto.

- **Variedade de produtos.** As redes varejistas tradicionais oferecem grande variedade de estilos de móveis – do colonial norte-americano ao rural francês e da dinastia Ming. Oferecem aos clientes centenas de opções de tecido. No entanto, amplitude e customização adicionam custos. O *trade-off* da Ikea: manter em estoque uma gama limitada de estilos, reduzida ao escandinavo e seus desdobramentos, além de oferecer poucas opções de acabamento e tecido. Por sua vez, os *trade-offs* que limitam a complexidade dos produtos permitem que a Ikea se abasteça com produtos a granel de fabricantes terceirizados eficientes, que produzem em escala global. Lembre-se das cinco forças. A Ikea é um Golias, capaz de negociar preços favoráveis com seus fornecedores.
- **Atendimento na loja.** As redes varejistas tradicionais têm vendedores para ajudar os clientes com as centenas de alternativas envolvidas em mobiliar uma casa. Os vendedores, porém, adicionam custos. Eis outro *trade-off* decisivo, uma escolha em detrimento de outra. Ou se supre uma loja com vendedores ou não; não há meio-termo. A Ikea é explícita em relação a esse *trade-off*. Explica aos clientes que, em troca do autosserviço, eles serão recompensados com preços menores. A própria lanchonete da loja reforça essa mensagem. Placas esclarecem que limpar a própria mesa no final de uma refeição possibilita o preço baixo que se paga no caixa.
- **Serviço de entrega e projeto da loja.** As lojas tradicionais de móveis despacham os produtos diretamente de um fabricante ou depósito para a casa do cliente. A Ikea explicitamente "terceiriza" a entrega a seus clientes, de novo em troca de preços menores. Seus diversos *trade-offs* no projeto e na localização das lojas facilitam (na medida do possível) o autosserviço. Quando um consumidor vê algo de que gosta em um dos vários showrooms da loja, ele anota o código do item. Ao sair do último showroom, e antes de chegar às filas dos caixas, ele passa por um depósito cavernoso, com prateleiras abarrotadas de móveis prontos para montar, em embalagens planas. Ele procura o código do item escolhido, colo-

ca a embalagem no carrinho de compras especialmente projetado pela Ikea e segue para o carro. A Ikea escolhe locais favoráveis ao tráfego de automóveis (nos Estados Unidos, nunca no centro da cidade), com ampla área de estacionamento gratuito; cria lojas imensas para expor e estocar todos os itens (nunca lojas pequenas expondo apenas itens selecionados).

- **Embalagens planas e vantagem competitiva.** Logo no início da história da Ikea, ou assim é contado, um funcionário da Ikea removeu as pernas de uma mesa para que um cliente conseguisse levá-la para casa em seu carro. Como a empresa explica, esse foi um daqueles momentos do tipo "Eureca!". Se os móveis fossem vendidos desmontados e em embalagens planas, os clientes poderiam realizar "autoentregas". Além disso, as embalagens planas economizam espaço, reduzindo assim muito o custo logístico. A Ikea consegue transportar seis vezes a quantidade de peças por carga de caminhão entregue em suas lojas.

    Esse *insight* acabou se tornando uma fonte de vantagem competitiva; isto é, levou a diferenças nas atividades da cadeia de valor da Ikea que resultaram em custos inferiores aos de seus concorrentes. Os custos de remessa de móveis em embalagens planas são muito menores do que os de móveis montados. Isso permite à Ikea cobrar preços mais baixos e ainda obter lucro.

    As embalagens planas apresentam outras vantagens. Os clientes que estão dispostos a levar suas compras para casa e montá-las por conta própria não só pagam menos como também têm acesso imediato aos móveis, sem esperar semanas pela entrega e com menos risco de danos de expedição. Isso contribui para a vantagem de custo da Ikea e aumenta a satisfação do cliente. Nunca me esqueço do primeiro sofá que comprei na vida. Depois de esperar seis semanas pela entrega, o móvel chegou com um rasgo no tecido. Perdi horas providenciando a devolução ao fabricante e esperei mais seis semanas pela troca. Uma experiência nada agradável para mim e onerosa para o fornecedor.

Um estudo interessante conduzido recentemente constatou um suposto efeito Ikea: na realidade, a automontagem eleva em vez de diminuir o preço que os consumidores estão dispostos a pagar. Nada mal quando se pode, ao mesmo tempo, aumentar o valor para o cliente e reduzir os próprios custos!

Agora, pense no impacto acumulado dessas diferenças em custo e valor, todas elas resultantes de um *trade-off*: ou você vende móveis montados que têm de ser expedidos *ou* você os projeta para serem transportados em embalagens planas e montados em casa pelo cliente. Porter gosta de dizer que, quando se tem uma estratégia, deve-se poder associá-la diretamente aos resultados financeiros. Este é exatamente um exemplo desse tipo de associação.

> Quando se tem uma estratégia, deve-se poder associá-la diretamente aos resultados financeiros.

As escolhas sob medida permeiam a cadeia de valor da Ikea. E muitas dessas escolhas acerca de como criar sua forma distintiva de valor não são apenas diferentes daquelas feitas por seus concorrentes. Elas são incompatíveis – isto é, um concorrente não consegue copiar o que a Ikea faz sem comprometer ou prejudicar o valor que cria para seus clientes. Essas são autênticas escolhas sem meio-termo, que permitem à Ikea entregar sua proposição de valor: design de qualidade com baixo custo.

POR QUE SURGEM *TRADE-OFFS*?

Os *trade-offs* surgem por diversos motivos. Porter destaca três. Primeiro, as características de produto podem ser incompatíveis. Ou seja, o produto que melhor satisfaz um conjunto de necessidades apresenta um desempenho insatisfatório ao abordar outros. As megalojas da Ikea são um pesadelo para quem quer fazer uma compra rápida. A "máquina de dirigir definitiva" da BMW não atende às necessidades dos compradores de carro que procuram um meio de transporte barato, básico. Os hambúrgueres rápidos e baratos do McDonald's não são muito gratificantes para os adeptos dos alimentos orgânicos e saudáveis.

Segundo, podem existir *trade-offs* nas atividades em si. Em outras palavras, a configuração de atividades que melhor fornece um tipo de valor não pode fornecer outro igualmente bem. Pode-se apostar que uma instalação fabril projetada para lidar com produtos customizados e lotes pequenos será menos eficiente para itens padronizados ou produções em larga escala. Um sistema logístico montado para fazer entrega por hora não é o melhor para entregas semanais. E assim por diante. *Trade-offs* como esses possuem consequências econômicas. Se uma atividade for projetada com exagero ou escassez em relação a seu uso, o valor será destruído. Se você tiver o prazer de ser atendido por um recepcionista do hotel Four Seasons, saberá que a empresa projeta essa "atividade" para dar aos hóspedes um alto nível de assistência. Custa muito criar esse tipo de valor, contratar e treinar o tipo certo de pessoa. Se você colocasse esse mesmo recepcionista em um ambiente onde alguns clientes requerem pouca assistência ou nenhuma, então parte do gasto consumido na criação desse alto nível de serviço seria desperdiçado.

Outra fonte de *trade-offs* envolve inconsistências de imagem ou reputação. Por exemplo, você pode imaginar a Ferrari, fábrica italiana de carros esportivos, lançando uma minivan? Às vezes, as empresas ficam cegas a tais inconsistências de imagem em seu frenesi de expansão. Por décadas, a rede varejista Sears construiu a reputação de lugar *certo* para comprar ferramentas e eletrodomésticos de qualidade. Quando ela adquiriu a corretora Dean Witter e tentou vender produtos de investimento e também serras elétricas, os clientes simplesmente não conseguiram conciliar a nova imagem da Sears com a antiga. O resultado foi um dos fracassos mais espetaculares na história da expansão corporativa. Na melhor das hipóteses, inconsistências como essas confundem os clientes. Na pior, abalam a credibilidade e a reputação da empresa.

Portanto, os *trade-offs* surgem por muitos motivos. São comuns na competição. E tornam a estratégia possível criando a necessidade de escolha.

OS VERDADEIROS *TRADE-OFFS* MANTÊM OS IMITADORES ACUADOS

Se uma empresa for bem-sucedida e os competidores não estiverem dormindo no ponto, eles vão procurar copiar o que ela faz. No entanto, os *trade-offs* impedirão isso. Por sua própria natureza, são escolhas que tornam as estratégias sustentáveis, pois não são fáceis de igualar ou neutralizar. Sem *trade-offs*, qualquer boa ideia poderá ser copiada. Os recursos de um produto podem ser copiados. Os serviços podem ser copiados. As maneiras de fornecer valor podem ser copiadas. Contudo, onde existirem *trade-offs*, o imitador sofrerá uma sanção econômica.

MAIS OU MENOS *FAST-FOOD*

O McDonald's, líder de mercado em *fast-food*, construiu seu posicionamento em torno da rapidez e da consistência. Tudo em sua cadeia de valor é ajustado para entregar essa proposição de valor. No entanto, no final da década de 1990, o McDonald's tinha um problema de crescimento. Depois de uma série de fracassos no lançamento de produtos e diante da saturação do mercado, o McDonald's decidiu que precisava se igualar aos rivais Burger King e Wendy's, oferecendo aos clientes a possibilidade de customizar suas opções de cardápio (por exemplo, um hambúrguer sem picles). A empresa lançou a campanha "Made for You" (feito para você), que envolveu uma reforma onerosa das cozinhas de todos os seus restaurantes. A conta total foi estimada em quase meio bilhão de dólares.

Entretanto, a campanha "Made for You" também trouxe outros gastos. A preparação customizada de alimentos leva mais tempo, e, quanto maior a customização, mais difícil se torna atingir a consistência. Se você está começando a achar que cada um desses fatores – rapidez, consistência, customização – envolve *trade-offs*, é porque está prestando atenção. Mais customização equivale a menos agilidade e consistência. Além disso, a preparação de cada pedido no momento da compra privou os restaurantes da capacidade de preparar um estoque para a movimentada hora do almoço. Franquias em apuros se viram entre a cruz e a espada: ou perdiam uma parte do lucro contratando novos funcionários para prover as cozinhas, ou corriam o risco de irritar os clientes com longas esperas. O McDonald's aprendeu a lidar com *trade-offs* da pior maneira. Não podia copiar a estratégia do Burger King sem estragar a sua própria.

Porter chama o que o McDonald's tentou fazer de *straddling* ("montar a cavalo"), a forma mais comum de imitação competitiva. O *straddler* (a empresa "cavaleira") tenta pegar carona nos benefícios da posição bem-sucedida, sem deixar de manter sua posição estabelecida. Em outras palavras, a empresa "cavaleira" tenta abarcar tudo para obter o melhor de dois mundos, incorporando novos recursos, serviços ou tecnologias às atividades que já desempenha. A estratégia é o domínio de uma coisa em detrimento de outra; a empresa vacilante acha que pode escapar para um mundo do tipo "não só... mas também". Geralmente, isso se revela um pensamento ilusório.

FILMES: DISTRIBUIÇÃO DIRETA *VERSUS* LOCAÇÃO

Os resultados mais comuns são casos como o da Blockbuster. A maior locadora de vídeos dos Estados Unidos estava ameaçada pelo crescente sucesso da Netflix, cujos assinantes encomendavam filmes on-line para entrega domiciliar pelo correio e, com a evolução da tecnologia, também por download direto. São duas proposições de valor distintas, que requerem cadeias de valor específicas, com *trade-offs* significativos. Os mais de 50 depósitos regionais da Netflix, apoiados por um sistema de distribuição de última geração, podiam oferecer um acervo de filmes maior do que o das mais de 5 mil lojas físicas da Blockbuster. Esta tentou obter o melhor de dois mundos, incorporando a proposição de valor da Netflix à sua própria, mas fracassou. Os *trade-offs* impõem sanções econômicas a empresas vacilantes.

VACILO NOS CÉUS

Quando a British Airways (BA) resolveu defender seu território contra a ascensão das companhias aéreas de baixo custo, teve a vantagem da visão retrospectiva. Recentemente, ocorreram diversos fiascos notáveis no setor envolvendo estratégias vacilantes, inclusive a tentativa da Continental Airlines de oferecer serviço completo em algumas rotas e baixo custo em outras. Competir em duas frentes ao mesmo tempo revelou-se demasiado custoso e complicado.

A British Airways levou a sério essa lição: quando se pretende ocupar duas posições distintas no mesmo negócio, a única maneira de contornar os *trade-offs* é criar uma organização à parte, com liberdade de escolher sua própria cadeia de valor sob medida. A experiência da BA mostra que, ainda assim, é muito difícil ter sucesso.

Sua nova subsidiária, a Go Fly, pôde estabelecer uma identidade independente, com sua própria equipe administrativa, *branding* e malha aérea. Não obstante, a BA se enredou em alguns dos mesmos *trade-offs* que suas congêneres norte-americanas, comprometendo sua reputação premium e confundindo os clientes. O slogan inicial da Go era "a nova companhia aérea de baixo custo da British Airways". Ela selecionou aeroportos mais próximos de cidades importantes do que competidores como a Ryanair; aeroportos esses que eram mais movimentados e mais sujeitos a atrasos. Além disso, ao contrário da maioria das transportadoras de baixo custo, permitia reserva de assento e contratou serviço de alimentação de um fornecedor sofisticado.

O *TRADE-OFF* DE CUSTO/QUALIDADE: VERDADEIRO OU FALSO?

"O barato sai caro" é a expressão que capta um dos *trade-offs* mais antigos e fundamentais do pensamento empresarial: mais qualidade implica mais gasto; por outro lado, menos gasto implica menos qualidade. Tratava-se de uma verdade óbvia e eterna... até que, aparentemente, o movimento de qualidade das décadas de 1980 e 1990 mostrou que era falsa. Esse movimento, com seu brado de guerra "Quality Is Free" (a qualidade é grátis), primeiro se estabeleceu no Japão e, em seguida, espalhou-se para o resto do mundo. Uma empresa após outra descobriu que poderia reduzir custos e melhorar a qualidade ao mesmo tempo. Para muitos, pareceu que um *trade-off* fundamental podia ser violado.

É possível ter alta qualidade e baixo custo ao mesmo tempo? A qualidade é grátis? Porter denomina isso uma "perigosa meia verdade". A resposta é: "Sim, mas...". A qualidade sai de graça quando melhorá-la significa eliminar defeitos e desperdícios. Nesse caso, trata-se de um *trade-off* falso, que deve ser rechaçado. *Trade-offs* falsos costumam surgir quando as organizações falham na eficácia operacional; isto é, quando deixam a desejar no modo como executam atividades básicas, o tipo de atividade que é genérica e não específica à estratégia. Assim, na década de 1990, o carro Lexus foi capaz de oferecer "mais luxo" que o Cadillac, por um preço menor, porque a General Motors estava em defasagem quanto ao estado corrente das melhores práticas. Atualmente, no sistema de saúde norte-americano, onde acredito que exista grande oportunidade de, ao mesmo tempo, melhorar o desempenho médico e reduzir custos, a premissa de que a qualidade acaba sendo gratuita pode servir como um alerta útil.

Também acontece de inovações surgirem e tornarem os *trade-offs* obsoletos. Novas tecnologias e práticas administrativas podem resultar tanto em custos menores quanto em desempenho aprimorado. No entanto, somente quando essas inovações mudam o jogo – ou quando uma empresa está deixando a desejar em eficiência – é verdade que a qualidade sai de graça.

Contudo, assim que as empresas alcançam paridade em execução, elas enfrentam *trade-offs* reais. Então, adicionar "qualidade" geralmente significa adicionar novos recursos, usando materiais melhores ou prestando serviços melhores. Em um carro de passeio, por exemplo, isso pode significar a troca de assentos de tecido pelos de couro ou a instalação de um sistema de posicionamento global (GPS). Nesse sentido da palavra, a qualidade não é grátis. Quase sempre custa mais adicionar recursos importantes ao produto, melhorar o serviço e a assistência de vendas ou fornecer outros aprimoramentos. Nesse caso, os *trade-offs* são reais e obrigatórios.

Sejamos claros. Isso não quer dizer que uma proposição de valor construída em torno de preços baixos não pode, simultaneamente, oferecer algumas outras dimensões de valor para o cliente. O design da Ikea, um tipo específico de qualidade, será compatível com baixos custos desde que a empresa controle os custos de matérias-primas, manufatura e logística. A conveniência da Southwest, outro tipo de qualidade, também é compatível com baixos custos. Na realidade, as partidas frequentes melhoram a vantagem de custos da empresa, levando em conta a melhor utilização dos aviões e das equipes de terra. E essas partidas frequentes e convenientes, por sua vez, são viabilizadas pelas diversas práticas de baixo custo (sem assentos marcados, sem transferências de bagagens), que permitem à Southwest rápidos *turnarounds* nos terminais de embarque. Com inteligência, ela enfatiza esse tipo de qualidade, transformando em virtude os *trade-offs* que realizou. No entanto, outras dimensões da qualidade de uma companhia aérea – assentos marcados, mais espaço para as pernas, uma refeição servida em louça de porcelana – implicam um preço real.

Quando os gestores se concentram na execução, assegurando que seguem as "melhores práticas" quando se trata de atividades genéricas, então eliminar *trade-offs* pode ser algo positivo. Entretanto, quando se trata de estratégia, *trade-offs* são essenciais para tornar única a atividade de uma organização. Descobrir *trade-offs* – por exemplo, o *insight* da Ikea sobre o valor das embalagens planas – é essencial à criação da estratégia. Manter e *acentuar trade-offs*, aguçando-os ainda mais, é essencial para sustentar a estratégia.

Após sofrer perdas maiores do que as esperadas, a BA decidiu que ter uma companhia aérea de baixo custo era incompatível com seu posicionamento como companhia aérea premium. A Go foi vendida para a 3i, uma empresa de *private equity*. Uma vez independente, a Go lançou uma agressiva campanha publicitária visando explicitamente os clientes da BA. Somente um ano depois, a 3i vendeu uma Go ampliada para a EasyJet, rival de baixo custo, por quatro vezes o preço pago por ela.

Os *trade-offs* dificultam a vida das aspirantes a empresa vacilante. No entanto, essa não é a única maneira de uma empresa copiar outra. Há também o reposicionamento. Quando a posição estabelecida de uma empresa não é mais viável, ela pode tentar se reposicionar copiando, na totalidade, a estratégia de outra. Evidentemente, isso é difícil de fazer; é preciso construir uma nova reputação e um novo conjunto de atividades e habilidades de suporte, além de desmantelar as antigas. Previsivelmente, um reposicionamento desse tipo é raro, como não poderia deixar de ser. Um adepto dessa estratégia está, na verdade, optando por competir na mesma corrida de um concorrente que tem uma vantagem inicial enorme.

REFORMAS NO LAR: HOMENS *VERSUS* MULHERES

A Lowe's assumiu um caminho mais estratégico quando reconheceu que precisava de um novo posicionamento. O varejo de materiais de construção e decoração é uma categoria que se difundiu por causa do sucesso espetacular da rede Home Depot, nas décadas de 1980 e 1990. Sua proposição de valor original era esta: oferecer aos adeptos do "faça você mesmo", principalmente homens, materiais e instruções necessários à realização de reformas domésticas com preços baixos em face das alternativas existentes de contratar um empreiteiro ou comprar em lojas de ferragens. A Home Depot oferecia uma enorme seleção de itens, em megalojas que mais pareciam depósitos com, em média, mais de 12 mil metros quadrados. Funcionários bem treinados, muitos dos quais com experiência anterior no comércio, forneciam assessoria técnica e ajudavam os compradores a se localizar nas megalojas. A empresa agradava não só os adeptos do "faça você mesmo" mas também pequenos empreiteiros. Ambos eram atraídos pelo sortimento de mercadorias e pelos preços baixos da Home Depot.

A proposição de valor da Home Depot era tão atraente e sua vantagem competitiva, tão grande, que muitos concorrentes estabelecidos do setor, geralmente redes regionais, com lojas de 2 mil a 3 mil metros quadrados, saíram do negócio. Em 1988, a Lowe's, então maior rede de materiais de construção do tipo "faça você mesmo" dos Estados Unidos, anteviu o desastre iminente. Sem uma nova estratégia, ela se tornaria outra vítima do sucesso da Home Depot.

Para enfrentar os preços mais baixos da Home Depot, a Lowe's copiou seu formato de megaloja. Ao mesmo tempo, porém, ela descobriu uma necessidade a que a concorrência não estava atendendo e que se tornou a base de uma estratégia distintiva. Com base em uma pesquisa com milhares de clientes, a Lowe's descobriu que as mulheres, e não os homens, eram a força desencadeadora da maioria dos projetos de reforma do lar, especialmente aquelas envolvendo design e moda. Esse *insight* tornou-se a base da nova proposição de valor da Lowe's.

A concentração nas necessidades das mulheres deu origem a diversos *trade-offs* em sortimento e comercialização de produtos. A Lowe's atribui maior ênfase a tendências da moda, cozinha, jardinagem, decoração e eletrodomésticos – de acordo com seu foco no público feminino. A Lowe's visa competir em preços com a Home Depot em itens comuns, mas oferecer uma proporção maior de itens exclusivos e da moda com margens mais altas.

> Os *trade-offs* são escolhas que tornam as estratégias sustentáveis, pois não são fáceis de igualar ou neutralizar.

Em vez de expor pilhas de mercadorias sobre paletes e prateleiras, como faz a Home Depot, a Lowe's criou showrooms de cozinhas, tratamento de janelas e outros itens conforme se veriam em uma casa. Esse *trade-off* era menos eficiente em ocupação de espaço, porém mais apropriado a seus clientes-alvo. Para se dissociar da atmosfera de depósito, as lojas da Lowe's possuem teto mais baixo, iluminação mais clara e prateleiras mais atraentes. E para manter o formato delas adequado à proposição de valor, a Lowe's fez outro *trade-off* importante: atende empreiteiros em uma seção distinta, com outros tipos de instalação.

Em consequência dessas decisões acerca de sortimento e experiência de compra, as lojas da Lowe's devem ser reabastecidas com mais frequência e em quantidade menor do que as da Home Depot – outro *trade-off* importante que afeta os custos. Cada empresa possui sua própria abordagem para repor mercadorias nas lojas. O ponto é que a Lowe's não tentou copiar tudo da Home Depot, obtendo um posicionamento distinto, com uma cadeia de valor distinta. Alguns clientes e necessidades são mais bem atendidos pela Lowe's. Outros, pela Home Depot. O que torna as duas estratégias robustas são os diversos *trade-offs* requeridos para realizá-las. A Lowe's obtém sua vantagem competitiva por meio de escolhas que são incompatíveis com as da Home Depot, e vice-versa.

No início dos anos 2000, a Lowe's, que partira de uma base menor, cresceu mais rápido em vendas e lucros. Alguns analistas precipitaram-se em declará-la "campeã". Para Porter, esse era precisamente o tipo de pensamento destrutivo, de soma zero, que atravessa o caminho das empresas quando elas tentam competir com base em singularidade. Naquele momento, a Home Depot estava tendo alguns problemas de desempenho, mas eles eram causados por uma execução insatisfatória nas lojas, e não por uma estratégia insatisfatória.

A Lowe's foi inteligente o suficiente para copiar o principal elemento do sucesso da Home Depot que se tornara vital para qualquer competidor no setor, mas também foi inteligente o suficiente para assumir um posicionamento único todo seu. Havia espaço para as duas empresas prosperarem, cada uma perseguindo seu próprio caminho. No entanto, mais recentemente, a Home Depot copiou a Lowe's, adicionando, por exemplo, uma linha de decoração de interiores assinada por Martha Stewart, para atrair o público feminino. A imitação que solapa *trade-offs* básicos – como esse tipo de movimento tem o potencial de fazer, se levado muito adiante – também solapa a vantagem competitiva.

ESCOLHENDO O QUE *NÃO* FAZER

Os *trade-offs* tornam as escolhas a respeito do que *não* fazer tão importantes quanto aquelas sobre o que fazer. Decidir a que necessidades atender e que produtos oferecer é absolutamente fundamental para o desenvolvimento de uma estratégia. No entanto, é igualmente importante decidir a que necessidades não atender e que produtos, recursos ou serviços não oferecer. Então, vem a parte difícil: aderir a essas decisões.

Ao longo do tempo, as empresas tendem a adicionar funções e recursos a seus produtos, na expectativa de que isso amplie a base de clientes e aumente as vendas. É difícil resistir à psicologia do "mais é melhor". Os argumentos que levam à proliferação de recursos são muito familiares: o custo incremental de adicionar um recurso é mínimo; precisamos aumentar nossa receita; temos de oferecer o que nossos concorrentes estão oferecendo; é o que nossos clientes querem. (Para as organizações sem fins lucrativos, a "proliferação de missões" – projetos que fogem ao escopo principal, mas são realizados para agradar grandes patrocinadores ou a alta direção – é o problema análogo.)

Essa é a rampa que leva à competição para ser o melhor. Quando se tenta oferecer algo para todos, há uma tendência a relaxar em relação aos *trade-offs* que sustentam a vantagem competitiva. Toda organização que sustentou a vantagem competitiva ao longo de um período de muitos anos certamente defendeu seus principais *trade-offs* contra diversos ataques.

> Quando se tenta oferecer algo para todos, há uma tendência a relaxar em relação aos *trade-offs* que sustentam a vantagem competitiva.

Frequentemente, esses ataques assumem a forma de uma nova tendência que assola o setor. Na década de 1950, uma onda de novas tecnologias – micro-ondas, congelamento instantâneo, aromatizantes artificiais – transformou a indústria alimentícia. A In-N-Out Burger, que serve alimentos frescos, preparados na hora, decidiu dispensar as últimas novidades do setor. Enquanto o McDonald's e outros adotaram bolos de carne moída congelados, Harry Snyder (fundador da In-N-Out) tomou o rumo oposto. Na realidade, ele contratou seu próprio açougueiro para ter uma fonte confiável de carne fresca.

No final da década de 1990, quase todas as empresas de corretagem se apressaram em adotar as transações on-line. Ninguém queria ficar para trás. Ou melhor, ninguém exceto a Edward Jones, a corretora que descrevemos no Capítulo 4. Ela desenvolveu uma estratégia distinta baseada em relacionamentos de longo prazo com investidores conservadores de renda modesta, um tipo de cliente muitas vezes ignorado pelo setor. Vimos que a Edward Jones estabeleceu uma ampla rede de escritórios, pois seu cliente-alvo quer um relacionamento face a face com uma pessoa, e não uma voz impessoal vinda de uma central de atendimento. Além da atenção pessoal, a Jones entende que seus clientes-alvo valorizam produtos financeiros simples e conservadores, em combinação com uma abordagem de investimento que seja estável, de baixo risco e *buy and hold* (comprar e manter).

No período do *boom* na década de 1990, houve grande pressão do setor e da mídia – e também de seus próprios corretores – para que a Jones adotasse a transação pela internet. A empresa foi criticada por estar ultrapassada. No entanto, seu corpo administrativo (a Jones é uma das últimas sociedades remanescentes do setor) manteve-se firme, seguindo a lição de Porter de valorizar o poder dos *trade-offs*. O comércio eletrônico, apesar de sua coroação pela mídia como "a próxima grande sensação", era totalmente incompatível com o foco da Jones de relacionamentos face a face e investimentos de longo prazo.

Atualmente, ao acessar o site da Edward Jones, encontramos uma guia com o título "When We Say No" (quando dizemos não) que expõe o que ela *não* faz: não atende apostadores perdulários nem *day traders* (operadores de curtíssimo prazo). Não vende derivativos, *commodities* ou ações de segunda linha. Não oferece operações on-line, pois isso "estimula a tomada de decisão imprudente". Afirma aos possíveis clientes que quer investidores, e não jogadores. *Trade-offs* como esses nunca são fáceis. Sem dúvida, a Edward Jones perdeu oportunidades de ganho. Mas, ao mesmo tempo, dominou o que Porter chama de um dos maiores paradoxos acerca de *trade-offs* na competição. Frequentemente, os executivos resistem a fazer *trade-offs* pelo temor de perder clientes. A ironia é que, a não ser que o façam e escolham deliberadamente não atender *todos* os clientes e necessidades, provavelmente não realizarão bem a tarefa de atender *qualquer* cliente ou necessidade.

Em suma, ter clareza sobre o que não fazer é a melhor maneira de ter sucesso no que se escolhe fazer. Somente sendo deliberadamente indiferentes a certas necessidades, pela adoção de *trade-offs* estratégicos, as empresas podem ser verdadeiramente responsivas a outras necessidades. Ou seja, na estratégia, a função dos *trade-offs* é deliberadamente deixar alguns clientes descontentes. A Southwest Airlines relata uma interessante história de como seu lendário CEO, Herb Kelleher, lidou com uma viajante muito frequente, a quem chamavam de "Pen Pal" (amiga de correspondência) porque ela escrevia muitas cartas de reclamação. Primeiro, pensemos nos diversos *trade-offs* essenciais à estratégia da Southwest: sem assentos reservados, sem primeira classe, sem refeições, sem outros modelos de avião além do Boeing 737, sem transferência de bagagens etc. A Pen Pal reclamava de quase toda escolha feita pela Southwest. Após enviar diversas respostas polidas a suas várias cartas, o pessoal de relacionamento com o cliente ficou sem ideias. Perguntaram a Herb se ele poderia responder. Ele não levou muito tempo para escrever o seguinte:

"Prezada sra. Crabapple, sentiremos sua falta. Cordialmente, Herb."

As histórias de Herb Kelleher costumam ser divertidas, mas também instrutivas. Construir e sustentar vantagem competitiva implicam disciplina para dizer não a diversas iniciativas que maculariam a característica de singularidade. A ideia de que o cliente sempre tem razão é uma dessas meias verdades que podem conduzir a um desempenho medíocre. Os *trade-offs* explicam por que não é verdade que se deve dar a cada cliente o que ele quer. Alguns deles não são *seus* clientes, e devem ser despachados, de preferência com o mesmo estilo e humor espontâneos de Kelleher.

Ou, como Porter afirma: "A estratégia consiste em fazer *trade-offs* em competição. A essência da estratégia é escolher o que não fazer".

CAPÍTULO 6

AJUSTE:
O AMPLIFICADOR

Este capítulo aborda o quarto teste de estratégia, algo que Porter denomina "ajuste" e se refere à maneira pela qual as atividades na cadeia de valor se inter-relacionam. Sua função na estratégia destaca outro conceito errôneo comum, o de que o sucesso competitivo pode ser explicado por uma *competência essencial*, ou seja, aquilo que uma organização faz realmente bem. Nesse caso, a falácia é que boas estratégias não dependem apenas de *uma* coisa, de fazer *uma* escolha. Tampouco resultam, de modo geral, de uma série de escolhas *independentes*. Boas estratégias dependem da conexão entre *muitas* coisas, de fazer escolhas *interdependentes*.

> Boas estratégias dependem da conexão entre *muitas* coisas,
> de fazer escolhas *interdependentes*.

No Capítulo 4, vimos que uma série de escolhas acerca da proposição de valor de uma empresa e sua cadeia de valor dá origem à vantagem competitiva. Quando essas escolhas envolvem *trade-offs*, a estratégia se torna mais valiosa e difícil de imitar (Capítulo 5). Pode-se pensar no ajuste como um amplificador que potencializa o poder desses dois efeitos. Ele amplifica a vantagem competitiva de uma estratégia, reduzindo custos ou aumentando o valor (e o preço) para o cliente. O ajuste também torna uma estratégia mais sustentável elevando as barreiras contra a imitação.

Em um nível, a ideia de ajuste é completamente intuitiva. Todo gerente geral conhece a importância – e a dificuldade – de alinhar as diversas áreas funcionais necessárias para competir em um negócio. Fazer com que áreas como marketing, produção, serviços e tecnologia da informação (TI) sigam na mesma direção costuma ser mais fácil na teoria do que na prática, especialmente nas grandes organizações. No entanto, Porter descobriu algo ainda mais substancial do que o alinhamento. O ajuste desempenha uma função maior e mais complexa na competição do que a maioria percebe.

O QUE É AJUSTE?

No Capítulo 4, investigamos como as atividades desempenhadas por uma empresa se relacionam com a proposição de valor. Aqui, nosso foco é como essas atividades se relacionam umas com as outras. Vamos analisar somente 12 das diversas escolhas de atividades sob medida da Ikea:

1. Rede de designers de produtos (desenvolvimento controlado de produtos).
2. Cadeia global de fornecimento com administração centralizada (fabricação terceirizada).
3. Megalojas.
4. Depósito anexo às lojas.
5. Localização na periferia das cidades, com acesso fácil por rodovias.
6. Amplo estacionamento grátis.
7. Nenhum vendedor no andar do showroom.
8. Showrooms de produtos totalmente decorados.
9. Grandes etiquetas informativas penduradas em cada item (com preço, dimensões e materiais).
10. Itens em embalagens planas (montagem e entrega do produto "terceirizada" para os clientes).
11. Lanchonetes no interior da loja.
12. Berçário e recreação infantil no interior da loja.

As embalagens planas, como vimos no Capítulo 5, desempenham um grande papel na vantagem competitiva da Ikea, pois reduzem custos de expedição e danos ao produto. Assim, na condição de uma opção independente, as embalagens planas dão sustentação ao posicionamento de baixo preço da Ikea. A localização das lojas em bairros periféricos reduz os custos porque os terrenos são mais baratos fora dos centros urbanos. Entretanto, é claro que essas duas escolhas são interdependentes. O valor das embalagens planas é amplificado pela localização favorável ao tráfego de veículos, o que torna mais fácil para os clientes carregar as compras em seus carros.

A lista completa de atividades mostra muitos desses exemplos de ajuste. As megalojas amplificam o valor do suprimento de produtos em escala global. Elas são mais valiosas no caso em que os clientes estão dispostos a gastar mais tempo por visita. O serviço gratuito de recreação infantil e a lanchonete no interior da loja tornam possível (e até agradável) para os clientes se demorarem nas compras. Cada uma dessas escolhas aumenta o valor das outras. Todas contribuem para reduzir os preços cobrados dos clientes. O formato de megaloja dá espaço para a Ikea expor todas as mercadorias em showrooms totalmente decorados. Isso, complementado pelas etiquetas informativas, permite à empresa abrir mão dos vendedores – outra economia de custo que surge porque uma atividade impacta o valor de outra. Trata-se, na verdade, de uma boa definição prática: *ajuste significa que o valor ou custo de uma atividade é afetado pela maneira como outras atividades são executadas.*

> Ajuste significa que o valor ou custo de uma atividade é afetado pela maneira como outras atividades são executadas.

Você precisa de um carro para se beneficiar do sistema de valor da Ikea. Em contraste, provavelmente irá a pé, se for fazer compras em uma loja Zara. Integrante do grupo espanhol Inditex (Industria de Diseño Textil, S.A.), esta é a maior rede varejista de vestuário do mundo em receita.

As lojas da Zara ficam situadas principalmente em centros urbanos com intenso fluxo de pedestres. É uma marca de roupas tão "descolada" que a maioria das francesas acha que essa empresa espanhola deve ser francesa.

A Zara vende roupas da última moda a preços moderados (não baixos em termos absolutos, mas sim em relação a grifes). Seu *insight* básico a respeito de como fornecer essa proposição de valor específica é a agilidade. Tudo que a Zara faz é sob medida para colocar os estilos mais modernos em suas lojas o mais rápido possível. A maioria das redes varejistas de moda lida com ciclos de troca de coleção de três meses. O da Zara é de apenas duas a quatro semanas, permitindo-lhe lançar até cem coleções por ano.

Esse ritmo insano é possível porque a Zara controla a cadeia de valor do princípio ao fim, e suas escolhas ao longo da cadeia de valor são diferentes daquelas da concorrência. Ela faz alguns *trade-offs* significativos: na forma de promover a marca, de criar os modelos e de administrar a produção, a logística e o estoque. O sucesso da Zara resulta não de uma escolha, mas da maneira pela qual suas diversas escolhas se ajustam para se reforçarem mutuamente.

Pense na Zara como um sistema perfeitamente projetado para otimizar a entrega de sua proposição de valor distintiva. Digo "otimizar" porque, quando se analisa o que a Zara faz, por partes, determinadas escolhas são surpreendentes. Algumas delas, por exemplo, podem não parecer eficazes em custo, dado o posicionamento de preço relativo baixo da empresa. Sua equipe de criação é duas vezes maior do que a da H&M, outra bem-sucedida rede europeia no varejo de moda. Ao contrário de suas concorrentes, a Zara tem fabricação própria, a maior parte dela executada na Europa, e não na Ásia. Suas lojas estão situadas nos bairros com os aluguéis mais altos da cidade. Nenhuma dessas escolhas é, isoladamente, uma solução de "baixo custo". No entanto, quando se observa o todo, como um sistema, fica claro que a Zara se dispôs a realizar uma escolha aquém do ideal em uma área para otimizar o todo.

Então, como a Zara faz isso? Vejamos como as peças desse quebra-cabeça se encaixam. Primeiro, o papel dos estilistas é identificar tendências e copiá-las. Em vez de pagar uma fortuna a estilistas famosos para criar algo novo, a empresa possui observadores em todo o mundo de olho nas últimas tendências da moda, em espetáculos e casas noturnas. Sua numerosa equipe de estilistas internos pode criar uma nova coleção em menos de um mês e modificar as existentes em duas semanas. O tamanho da equipe permite à Zara ser uma copiadora muito ágil e colocar novos modelos em produção rapidamente.

A Zara começou não como rede varejista, mas como fabricante e, fiel a suas raízes, continua a realizar uma grande parte da produção internamente, na Europa, em fábricas configuradas para produção de pequenos lotes. A empresa possui uma frota de caminhões para despachar mercadorias dos centros logísticos na Espanha para lojas em toda a Europa, em no máximo 24 horas. E, outra vez contrariando a prática do setor, as peças chegam etiquetadas e penduradas. Isso eleva os custos de expedição, mas significa que as roupas chegam prontas para venda, não precisando ser passadas na loja. Rapidez é o lema.

As próprias lojas – em locais de destaque, com grande fluxo de pedestres – são espaçosas. Entretanto, as roupas novas, que chegam duas vezes por semana, têm oferta limitada e transmitem uma mensagem clara: compre agora ou perca a oportunidade. O pessoal da loja fornece feedback constante sobre o que está vendendo ou não; informações que ajudam a Zara a refinar decisões em tempo real acerca da criação de modelos e do volume de produção.

Agora, vamos pensar na experiência do cliente: o fluxo constante de novas mercadorias, em combinação com vitrines vistosas que servem como outdoors da loja, em combinação com uma escassez de mercadorias. Isso gera burburinho. Clientes falam da Zara em seus círculos de amizade e voltam com frequência às lojas, pois sabem que a seleção será diferente e percebem a mudança de mercadorias quando passam por elas.

Tudo isso se soma para produzir os resultados superiores da Zara, sua vantagem competitiva. Onde nas finanças da empresa pode-se ver essa vantagem? Eis um exemplo. Seus clientes compram com mais frequência dos que os de lojas comparáveis, e eles compram mais mercadorias ao preço integral. De acordo com dados de alguns anos atrás, a Zara dava descontos de cerca de 10%, em contraste com a média do setor de 17% a 20%. No varejo, isso é uma vantagem enorme. E a vantagem da remarcação para a Zara não resulta de uma só escolha. Por exemplo, não se trata simplesmente de seus negociadores tomarem decisões de compra mais inteligentes. O resultado advém das muitas escolhas que constituem o "sistema" da Zara.

Eis outro exemplo de como a vantagem da Zara afeta seus resultados financeiros. A maioria das grifes de moda é criada e sustentada por um substancial orçamento de propaganda (os gastos em anúncios do setor representam, em média, de 3% a 4% das vendas). Na H&M, esse montante chega a cerca de 5%. Em contraste, uma rede varejista de mercadorias em geral, como o Walmart, gasta em propaganda menos de um terço de 1% de sua receita. No entanto, após analisar as implicações do ajuste entre as escolhas de atividades da Zara, não surpreende saber que o gasto em anúncios da Zara fica abaixo do nível do Walmart. A marca investe mais na localização das lojas e quase nada em propaganda. Suas diversas escolhas combinam-se para gerar entusiasmo no cliente sem a necessidade de investimentos pesados em marketing.

COMO O AJUSTE FUNCIONA

O ajuste pode assumir diversas formas, embora, na prática, as distinções entre elas muitas vezes sejam difíceis de perceber. Cada um dos três tipos identificados por Porter funciona de um modo ligeiramente diferente para afetar a vantagem competitiva.

O primeiro tipo de ajuste é a consistência básica, onde cada atividade está alinhada com a proposição de valor da empresa, e cada uma contribui de modo incremental com seus temas dominantes. Pense na agilidade, que é decisiva para o sucesso da Zara. Em cada etapa da cadeia de valor, suas atividades são configuradas para que nada leve mais tempo do que o necessário: as equipes de estilistas estão voltadas para respostas rápidas; as fábricas situam-se em localizações próximas; uma frota própria de caminhões assegura entrega rápida; investimentos em TI aceleram as comunicações entre a criação de modelos e a manufatura. Cada atividade contribui para a agilidade da Zara, e ela passa no teste básico da consistência.

Quando as atividades são inconsistentes, elas se neutralizam. Um cliente meu pretendia se posicionar como fornecedor de baixo custo de meias para grandes lojas de desconto. Ao mesmo tempo que os gerentes da fábrica tentavam cortar gastos, a equipe de vendas deixava – até estimulava – que clientes varejistas de qualquer porte encomendassem cores exclusivas, que exigiam produção customizada. Você nem imagina o que eram essas "cores exclusivas". Por exemplo, existiam literalmente centenas de variações da cor branca, cada qual exigindo determinada fórmula de tingimento. A fábrica tinha de produzir lotes maiores do que as quantidades pedidas. O resultado foi um excedente de estoque tal que, se fossem enfileiradas, as meias dariam a volta ao mundo. (Eis um exemplo no qual "os números" pressionaram a empresa a tomar uma atitude.) Essa não foi a primeira empresa, nem será a última, a ter dificuldade em alinhar vendas e produção. Expressa matematicamente, consistência significa que $1 + 1 + 1 = 3$, e não algum número *menor* que 3. As atividades inconsistentes tornam o todo *menor* do que a soma das partes.

Um segundo tipo de ajuste ocorre quando as atividades se complementam ou se reforçam. Essa é a verdadeira sinergia, aquela em que o valor de uma atividade é aumentado pela outra. A localização das lojas da Zara em áreas de intenso fluxo de pedestres e a grande quantidade de coleções reforçam uma à outra. As instalações de alta visibilidade ajudam a Zara em seu objetivo de promover o giro de mercadorias a cada duas semanas. As imensas vitrines são como um ímã atraindo clientes.

Ou, então, pense que a Netflix oferece a seus associados acesso a uma enorme videoteca (inicialmente mantendo um estoque de DVDs em depósitos regionais; cada vez mais mediante distribuição digital). Também mantém um sistema promissor de avaliação de filmes pelos usuários, que, em 2010, gerou mais de 1 bilhão de opiniões. "O problema real que estamos tentando solucionar", explica o CEO Reed Hastings, "é como transformar a seleção de filmes de tal modo que os consumidores possam encontrar um fluxo constante de filmes de sua preferência? É um grande problema de compatibilização. Temos 55 mil títulos em DVD. Há 300 milhões de consumidores no mercado. No entanto, a maioria das pessoas não consegue citar dez filmes que estejam loucas para ver." As avaliações e a imensa videoteca são complementares: as resenhas ajudam os associados a ampliar seu gosto por cinema, dessa maneira valorizando mais o acervo.

A Home Depot fornece outro exemplo de como as atividades se reforçam. Sua proposição de valor básica possui três vértices: ampla seleção, preços baixos todos os dias e serviço especializado. Ninguém antes tinha reunido tudo isso. A loja em formato de grande depósito era essencial para oferecer seleção e preços baixos. No entanto, sem excelência em serviço, os clientes teriam se sentido perdidos nas megalojas.

No final da década de 1970, os fundadores Bernie Marcus e Arthur Blank contrataram funcionários especializados – na época, uma ideia radical –, com bons salários, e cultivaram a filosofia do serviço de atendimento ao cliente. Por exemplo, quando os clientes perguntavam onde podiam achar determinado item, os funcionários da Home Depot estavam treinados a acompanhá-los até o corredor certo. Conta-se que Marcus dizia a eles que, se os pegasse apontando a localização, em vez de acompanhar os clientes, "arrancaria-lhes os dedos". Na Home Depot, o tamanho da loja e o serviço se reforçavam. Sem o serviço, o tamanho não teria funcionado.

É interessante comparar a Home Depot com a Ikea. Ambas utilizaram megalojas para dar suporte ao posicionamento de preço baixo, mas, enquanto o posicionamento e a variedade de produtos da Home Depot tornam o serviço pessoal uma necessidade, a Ikea tornou isso irrelevante. Em cada caso, os *trade-offs* e os ajustes por toda a cadeia de valor são específicos à estratégia.

O terceiro tipo de ajuste de Porter é a substituição. Nesse caso, executar uma atividade possibilita eliminar outra. Os showrooms e as etiquetas informativas nos produtos substituem os vendedores na Ikea. As localizações proeminentes das lojas e o giro rápido das coleções tornam a propaganda tradicional desnecessária na Zara. Progressivamente, as empresas aprenderam a cooperar com fornecedores e clientes ou com ambos, a fim de otimizar as iniciativas além dos limites da empresa. Para seus grandes clientes corporativos, por exemplo, a Dell entregará os micros novos com softwares customizados. Ela pode fazer isso com mais rapidez e menos custo durante o processo de montagem do que o departamento de TI do cliente, que teria de carregar o software, máquina por máquina, após a entrega. Essa substituição reduz o custo total, permitindo que a fabricante compartilhe parte das economias com seus clientes. A substituição, portanto, serve para otimizar a cadeia de valor da empresa.

Todos os três tipos de ajuste são comuns e, muitas vezes, se sobrepõem. Nas empresas com boas estratégias, o ajuste tende a se propagar e ganhar complexidade.

AJUSTE E COMPETÊNCIA ESSENCIAL

Na concepção de Porter, o ajuste lança nova luz sobre uma questão fundamental de estratégia: de onde vem a vantagem competitiva? Em diversas empresas, a busca por vantagem competitiva focaliza aquilo a que se dá vários nomes: recursos críticos, competências centrais ou principais fatores de sucesso. Embora existam diferenças técnicas entre esses termos, os gestores costumam utilizá-los de modo intercambiável e agrupá-los sob a denominação geral de *competência essencial*. Todos os termos refletem um ponto de vista similar: a vantagem competitiva resulta de um pequeno número de fatores, que podem ser habilidades intangíveis ou ativos concretos. Logo, a maneira indicada de competir consiste em adquirir e desenvolver essas competências essenciais.

COMO MAPEAR UM SISTEMA DE ATIVIDADES

Porter criou uma ferramenta que denominou "mapa do sistema de atividades", para representar graficamente as atividades significativas de uma empresa e sua relação tanto com a proposição de valor quanto entre si.

Comece identificando os elementos básicos da proposição de valor. No caso da Ikea, destacam-se três: design distintivo, preços baixos e uso imediato.

Em seguida, identifique as atividades mais notáveis executadas no negócio, aquelas mais responsáveis pela criação de valor para o cliente ou aquelas que geram custo significativo. Procure listar as escolhas de atividades singulares para cada etapa. Isso evidencia o contraste entre a empresa e seus competidores. Por exemplo, basta uma observação superficial da cadeia de valor da Ikea, em comparação com a de uma loja tradicional de móveis, para destacar sua configuração única de atendimento na loja e entrega.

Depois, coloque as atividades no mapa, como indicado na figura a seguir. Trace linhas sempre que existir ajuste – nos pontos em que uma atividade contribua com a proposição de valor e em que duas atividades afetem uma à outra. No mapa da Ikea, as embalagens planas contribuem com preços baixos e uso imediato. Afetam a entrega assumida pelos próprios clientes. E assim por diante. Um mapa completo de atividades da Ikea resultaria em uma rede extremamente densa e complexa. Para a estratégia, esse é um sinal positivo. Por outro lado, um mapa com conexões esparsas tende a sinalizar que a estratégia é fraca.

Um mapa de atividades pode ajudar a ver até que ponto cada atividade suporta o posicionamento geral – os clientes atendidos, as necessidades satisfeitas, o preço relativo. Questione como cada atividade poderia estar mais bem vinculada à estratégia geral, até mesmo aquelas como processamento de pedidos ou logística, que podem parecer de caráter bastante genérico. Como Porter observa, na maioria das organizações, há atividades cujo alinhamento foi ignorado porque não foram vistas como parte da estratégia.

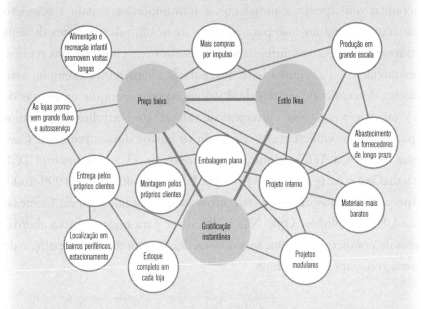

Um mapa de atividades pode ajudar a identificar maneiras de fortalecer o ajuste. Geralmente, os gestores responsáveis por determinada atividade podem afirmar se o desempenho deles é prejudicado por outras atividades. Eles também podem ter sugestões de como melhorar o ajuste entre as atividades. Procure enxergar além da consistência básica. É possível encontrar novas maneiras de reforçar as atividades entre si ou de uma atividade substituir outras?

Um mapa de atividades também pode incitar a criatividade acerca de como tornar uma estratégia mais sustentável. Você é capaz de identificar novas atividades, ou melhorias em relação ao que já faz, cujo custo ou eficácia seja melhorado pelo *sistema vigente de atividades*? Há variedades de serviços, recursos ou produtos que você pode oferecer (e seus concorrentes não), por causa das outras coisas que já faz? Extensões como essas serão as mais difíceis de serem imitadas.

Um erro comum de estratégia é escolher as mesmas competências essenciais de todas as organizações do setor. Se, por exemplo, você acreditar que apenas algumas coisas têm importância para a competição, então ficará ansioso para adquirir ativos tão valiosos antes de seus concorrentes. Setores inteiros se apressaram em controlar um recurso "estratégico" – como uma base instalada de clientes (por exemplo, assinantes de celulares), canais de distribuição (por exemplo, emissoras de TV ou sistemas a cabo, corretoras de valores) ou portfólios de produtos (por exemplo, videotecas) – elevando os custos desses recursos. Com esse espírito, a AT&T adquiriu as empresas de TV por assinatura TCI, MediaOne e parte da Cablevision por US$ 130 bilhões, em 1999-2000. Apenas dois anos depois, esses ativos foram vendidos para a Comcast por US$ 44 bilhões. Opa. Não é difícil ver para onde vai essa abordagem de competição: imitação, convergência competitiva, competição de soma zero para ser o melhor.

> Um erro comum de estratégia é escolher as mesmas competências essenciais de todas as organizações do setor.

O ajuste significa que o todo tem mais importância do que qualquer parte individual, que muitas coisas juntas criam valor, e não poucas delas isoladamente. Por exemplo, o que explica o sucesso da Zara? É o faro da empresa para a moda? Sua manufatura flexível europeia? A localização das lojas? Sua abordagem em relação à logística? A resposta não será encontrada em uma ou duas competências essenciais. A resposta está no ajuste entre todas as atividades de criação de valor da Zara. A estratégia da empresa envolve diversas escolhas simultâneas. Seu sucesso depende de todo o sistema de atividades interdependentes, e não de uma ou duas partes poderosas. Não resulta somente dos *trade-offs* feitos pela Zara na configuração de suas atividades, mas também da maneira pela qual essas atividades impactam umas às outras.

MANTENHA O BÁSICO, TERCEIRIZE O RESTO? NÃO TÃO RÁPIDO

Qual é sua competência essencial? Se você está fazendo essa pergunta acerca de sua própria organização, talvez não esteja prestando a devida atenção à customização, aos *trade-offs* e aos ajustes. Se poucas coisas importam na competição, então muitas outras não têm a menor importância. A lógica das competências essenciais levou muitas empresas a buscar a terceirização sem pensar nas consequências estratégicas. O argumento-padrão tem sido o de que as empresas devem se concentrar em suas atividades essenciais. Aquilo que não é "essencial" pode ser terceirizado para fornecedores mais eficientes.

No entanto, ao avaliar o papel do ajuste, você passará a pensar mais criticamente acerca da terceirização. Em vez de tentar determinar que atividades são essenciais, Porter formula outra pergunta: que atividades são *genéricas* e quais são *específicas*? As atividades genéricas – aquelas que não podem ser adequadas de forma significativa a uma posição da empresa – podem ser terceirizadas de modo seguro para fornecedores externos mais eficientes. Contudo, para Porter, essa terceirização é arriscada para atividades que são, ou podem ser, específicas a uma estratégia e, especialmente, para aquelas que são fortemente complementares entre si. Quanto menos elementos restarem na cadeia de valor da empresa, menos oportunidades haverá para ampliar a customização, os *trade-offs* e o ajuste.

A decisão inicial de terceirização quase sempre resulta em economia de custos no curto prazo, mas as implicações de longo prazo tanto para os custos quanto para a convergência competitiva são preocupantes. A terceirização pode não só limitar as oportunidades de singularidade e ajuste na estratégia da empresa como também impelir um setor inteiro à maior homogeneização.

O ajuste significa que o valor competitivo das atividades individuais – e as habilidades, competências ou recursos associados – não podem ser dissociados do sistema ou da estratégia. Pode ser a Southwest ou a Zara, a Home Depot ou a Lowe's, a Enterprise ou a Zipcar, a In-N-Out Burger ou o McDonald's, a Edward Jones ou a Netflix, o valor não resulta somente das "competências essenciais", mas de como elas são aplicadas no posicionamento da empresa.

O AJUSTE TORNA A ESTRATÉGIA MAIS SUSTENTÁVEL

O ajuste não só amplifica a vantagem competitiva aumentando o valor ou diminuindo os custos, ela também torna a vantagem mais sustentável. No Capítulo 5, vimos que os *trade-offs* dificultam a cópia de uma estratégia de sucesso pelos concorrentes. O ajuste torna isso ainda mais difícil. Para obter o benefício da imitação, agora é preciso copiar uma série completa de atividades interdependentes.

De acordo com Porter, o ajuste desestimula a imitação de diversas maneiras. Primeiro, os rivais terão dificuldade de entender o que têm de igualar. Se você quisesse copiar a Zara, o que copiaria exatamente? A abordagem em relação ao design do produto? As configurações das lojas? As operações de manufatura? A frota de caminhões? A consistência básica pode ser prontamente discernida pelos concorrentes, mas quanto mais o posicionamento de uma empresa se baseia em um ajuste complexo, mais difícil é para os rivais saber exatamente o que devem copiar. A menos que você faça parte do processo, é muito difícil desenredar o que está acontecendo.

Em segundo lugar, mesmo que identifiquem as interconexões pertinentes, os concorrentes terão dificuldade de replicar todas elas, pois o ajuste é um desafio organizacional. Uma coisa é copiar recursos de produtos ou uma abordagem específica de força de venda. Outra é igualar um sistema completo de atividades; algo que, em geral, requer a integração de decisões e ações que passam por grupos de trabalho, departamentos e funções.

Ao colocar diversos obstáculos no caminho dos aspirantes a imitadores, o ajuste reduz a probabilidade de cópia de uma estratégia. Para tornar isso concreto, Porter utiliza um argumento matemático simples. Suponhamos que você tenha 90% de chance de igualar uma atividade. Então, se tiver de igualar um sistema com duas atividades, a probabilidade de sucesso será de 81% (0,9 x 0,9). Se existirem quatro atividades, esse índice cairá para 66% (0,9 x 0,9 x 0,9 x 0,9). E assim por diante.

> Ao colocar diversos obstáculos no caminho dos aspirantes a imitadores, o ajuste reduz a probabilidade de cópia de uma estratégia.

Agora, pense na probabilidade de alguém copiar a Ikea ou a Zara com sucesso. Quando se vê a estratégia como um sistema de escolhas interconectadas (*veja Figura 6.1*), é possível entender a rapidez com que as probabilidades se combinam para tornar sustentável uma estratégia eficaz. Além disso, à medida que o ajuste reduz a chance de sucesso de uma imitação, aumenta o ônus em relação a falhas exatamente porque as atividades são interconectadas. Uma pequena deficiência em uma atividade pode produzir efeitos propagadores em outras, como vimos em relação à Go, a fracassada companhia aérea de baixo custo da British Airways.

Há uma inferência sutil a respeito desse último ponto. Porter observa que as empresas com ajuste forte costumam ser superiores em estratégia *e* em execução, assim ficando menos propensas a atrair imitadores. Por quê? Quando as atividades exercem impacto mútuo, as imperfeições em uma delas prejudicarão o desempenho geral. Isso tende a destacar os pontos fracos, aumentando a probabilidade de que sejam enfrentados. Também significa que há mais vantagem em tratar as deficiências operacionais e, frequentemente, mais pressão para isso. A força resultante de empresas como essas é outro desestímulo à imitação.

No Capítulo 4, vimos que uma cadeia de valor sob medida – *atividades diferentes* – era a primeira linha de defesa contra a imitação. No Capítulo 5, vimos que os *trade-offs* constituem uma segunda linha de defesa. A customização e os *trade-offs* impedem os concorrentes *existentes* de copiar uma boa estratégia, seja por vacilo, seja por reposicionamento. Quanto mais atividades os rivais precisarem reconfigurar, mais danos causarão a suas posições correntes.

FIGURA 6.1 ESCOLHAS INTERCONECTADAS DA ZARA

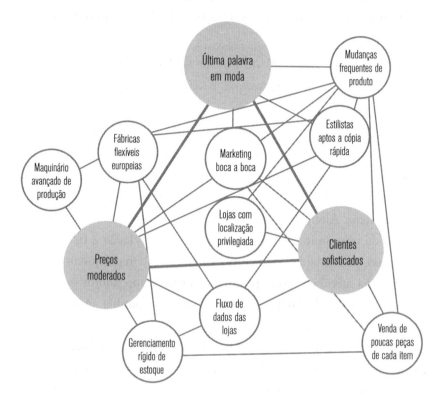

Por fim, o ajuste explica como a vantagem competitiva pode ser sustentada contra novos entrantes, até mesmo os mais determinados deles. Na competição para ser o melhor, a imitação é fácil e as vantagens são temporárias. Quanto mais uma empresa compete com base na singularidade, menos suscetível fica à imitação, e as vantagens podem ser sustentadas por longos períodos. As estratégias de sucesso são como sistemas complexos, em que todas as partes se ajustam organicamente. Cada coisa que se faz amplifica o valor das demais. Isso aumenta a vantagem competitiva. E também aumenta a sustentabilidade. "O ajuste bloqueia os imitadores, criando uma cadeia que é tão forte quanto seu elo mais potente", Porter afirma.

CAPÍTULO **7**

CONTINUIDADE:
O CAPACITADOR

Chegamos ao quinto e último teste de estratégia: a continuidade ao longo do tempo. Recapitulando, os primeiros dois testes – a proposição de valor única e a cadeia de valor sob medida – formam a base de uma estratégia. *Trade-offs*, o terceiro teste, são o elemento decisivo do ponto de vista econômico; tornam possíveis e sustentáveis as diferenças de preços e custos. O quarto teste é o ajuste, um amplificador das diferenças de custos e preços, que são a essência da vantagem competitiva, e um obstáculo à cópia da estratégia pelos concorrentes. Por fim, a continuidade é o capacitador. Todos os outros elementos da estratégia – customização, *trade-offs* e ajustes – levam tempo para serem desenvolvidos. Sem a continuidade, é improvável que as organizações cheguem a desenvolver vantagem competitiva.

A geração atual de líderes empresariais está preocupada com a mudança. Não faltam recomendações sobre como lidar com o ritmo acelerado da mudança, como superar a resistência à mudança, como liderar iniciativas de mudança em larga escala etc. Grande parte da literatura de administração que enfoca a mudança é motivacional. Trata-se de incitar a organização. No entanto, isso gerou uma retórica acalorada que pode solapar a eficácia de uma estratégia. Atualmente, toda mudança é referida como "revolucionária", seja seu impacto lento ou repentino, seja ele superficial ou profundo. Lembre-se da frequência com que ouve frases como "reinvenção constante" e "transformação radical".

QUADRO 7.1 OS CINCO TESTES DE UMA BOA ESTRATÉGIA

1. Uma proposição de valor única
Você está oferecendo valor distintivo para um conjunto selecionado de clientes, ao preço relativo certo?

2. Uma cadeia de valor sob medida
O melhor conjunto de atividades para fornecer *sua* proposição de valor é *distinto* das atividades desenvolvidas pelos concorrentes?

3. *Trade-offs* diferentes dos da concorrência
Você entende claramente o que *não quer* fazer para que possa fornecer *seu* tipo de valor do modo mais eficiente e eficaz?

4. Ajuste em toda a cadeia de valor
O valor de suas atividades é aumentado pelas outras atividades executadas?

5. Continuidade ao longo do tempo
A base de sua estratégia é estável o suficiente para permitir que sua organização seja excelente no que faz, promovendo customização, *trade-offs* e ajustes?

Sim, a competição é dinâmica, não estática, e a arena de atuação das empresas muda constantemente. As necessidades dos clientes também mudam. Novos competidores surgem. As tecnologias existentes evoluem, e outras são criadas. Lidar com a mudança é parte essencial da estratégia. Qualquer um pode citar exemplos de empresas outrora altivas que sucumbiram ante a incapacidade de enxergar a necessidade de mudança ou de executá-la com eficácia.

No entanto, a continuidade, por mais trivial que pareça, também é essencial. Embora a atenção seja dirigida com mais frequência a empresas que mudam muito pouco, Porter destaca um erro equivalente, se não maior: as empresas podem mudar demais, e de maneiras erradas. Segundo ele, ter uma estratégia – fazer escolhas, definir limites – não afeta a capacidade de mudança. Na realidade, facilita o tipo certo de inovação.

POR QUE A CONTINUIDADE É ESSENCIAL?

Como vimos, a estratégia envolve todos os aspectos da abordagem de uma organização em relação ao mercado. É inerentemente complexa. Reflita sobre tudo que você necessita para entender e atender seus clientes, para criar-lhes valor real. Reflita sobre os vínculos entre sua organização e os fornecedores e parceiros. Reflita sobre as centenas de atividades que executa e como elas devem estar alinhadas com sua proposição de valor e umas com as outras. E, por fim, lembre-se de que tudo isso envolve engajar e alinhar as ações de centenas ou até centenas de milhares de indivíduos que realizam o trabalho.

Permita-me uma metáfora culinária: a estratégia não é uma fritura; é um cozido. Leva tempo apurar sabores e texturas. Ao longo do tempo, quando todos os constituintes de uma empresa – internos e externos – chegam a um entendimento mais profundo do que ela pode lhes oferecer, ou vice-versa; as atividades como um todo ficam mais bem adequadas à estratégia e cada uma mais bem alinhada às outras. Esse aspecto da estratégia trata fundamentalmente de pessoas e da capacidade delas de absorver e processar a mudança. Vejamos como a continuidade capacita a vantagem competitiva:

- **A continuidade reforça a identidade da empresa – constrói sua marca, reputação e relacionamento com clientes.** Esse princípio é bem assimilado na In-N-Out Burger, uma empresa atípica na atual cultura empresarial hiperativa. Ela sente orgulho de seu cardápio à moda antiga (carne fresca, batatas de verdade e sorvete no milk-shake) e de seus valores antiquados (tratar os funcionários como uma família). Seus clientes, de uma fidelidade que beira o fanatismo, não medem distância para ir a uma loja In-N-Out nem se importam com o tempo que vão esperar na fila quando um novo ponto é inaugurado. O site da empresa dá o tom certo: "Ainda que os tempos tenham mudado, pouco mudou na In-N-Out". Você encontrará hoje exatamente o que "os clientes saboreiam desde 1948".

Houve muito mais mudanças em empresas como a BMW, Ikea ou Disney, mas os clientes nunca se enganarão sobre o que elas representam, isto é, que necessidades podem ou não satisfazer. Em outras palavras, entendem a proposição de valor essencial e os *trade-offs* principais. Uma estratégia eficaz, consistentemente mantida ao longo do tempo por meio de interações repetidas com os clientes, é o que dá poder a uma marca.

- **A continuidade ajuda fornecedores, canais e outras partes externas envolvidas a contribuir para a vantagem competitiva da empresa.** Trata-se de alinhamento e customização. Por exemplo, a continuidade da estratégia permitiu que a Dell, na década de 1990 e no início dos anos 2000, estabelecesse relacionamentos produtivos com fornecedores-chave que conseguissem se adaptar melhor a suas necessidades. A cidade de Austin, no Texas, passou a sediar centenas de fornecedores estimulados pela Dell a firmar parcerias para instalar depósitos e unidades de produção nas proximidades. O resultante agrupamento de empresas afins (*clusters*) incluía fabricantes de semicondutores e aparelhos eletrônicos, empresas de software e firmas de consultoria e prestadores de serviços especializados em tecnologia. (Os *clusters* desempenham um papel especial na competição. Consulte o glossário para obter mais informações a esse respeito.) Quanto mais tempo as partes externas trabalham com uma empresa, melhor entendem os objetivos e métodos dela.

Os benefícios podem fluir em ambas as direções. A continuidade permitiu que a Nestlé, gigante suíça da indústria alimentícia, desenvolvesse uma base promissora de produtores locais para seu negócio de laticínios na Índia. Começando com apenas 180 fazendeiros na década de 1960, a Nestlé construiu instalações frigoríficas para servir como pontos de coleta de leite. Ao longo do tempo, forneceu assistência técnica, treinamento e provisões para os fazendeiros, tornando-os muito mais produtivos (e prósperos).

A quantidade de produtores que trabalham com a Nestlé cresceu, alcançando o número de 75 mil.

A continuidade da estratégia produz benefícios similares no mercado de trabalho, outra fonte de suprimento, permitindo que empresas como Enterprise e Southwest Airlines atraiam funcionários que se ajustam à estratégia corporativa. Também fomenta relacionamentos com canais de distribuição, que levam tempo para serem desenvolvidos. Quando lançou seu carro de alto luxo, o Lexus, a Toyota investiu pesadamente, e ao longo de muitos anos, para criar sua rede de concessionárias. Se a montadora não estivesse comprometida com essa estratégia de longo prazo, o investimento não teria feito muito sentido.

- **A continuidade estimula melhorias nas atividades individuais e ajustes entre elas; permite que uma organização desenvolva competências e habilidades únicas e adequadas a sua estratégia.** Por exemplo, a continuidade da estratégia do Aravind Eye Hospital permitiu-lhe desenvolver programas de treinamento customizados para seu próprio pessoal e também cursos para aumentar a oferta de provedores qualificados de tratamento oftalmológico para a Índia como um todo. Atualmente, o "currículo" do Aravind é extenso, variando desde programas de residência para oftalmologistas até cursos não clínicos para técnicos em manutenção de instrumentos. Há também o caso da Southwest Airlines e do Four Season Hotels, duas empresas célebres pela singularidade de seus serviços. Ao longo de muitos anos, cada uma delas aprimorou suas práticas de contratação de pessoal. Elas são capazes de selecionar com mais eficácia funcionários com habilidades e atitudes que se ajustam à estratégia corporativa. É dessa maneira que a busca consistente de uma estratégia ao longo do tempo permite que uma empresa desenvolva um conjunto completo de ativos específicos à estratégia – incluindo sua cultura – que se torna difícil de imitar.

A continuidade aumenta a probabilidade de que todas as pessoas na organização entendam a estratégia corporativa e de que forma podem contribuir com ela. Quanto maior a "clareza", maior a probabilidade de tomarem decisões que reforçam e ampliam a estratégia. Os gestores tenderão a alinhar atividades que estejam operando com objetivos conflitantes. O ponto a sublinhar aqui é que o desenvolvimento e o alinhamento de habilidades raramente acontecem da noite para o dia.

Pelos mesmos motivos que justificam a continuidade, as empresas pagam um alto preço por mudanças frequentes de estratégia. Essas mudanças requerem reconfiguração de atividades e realinhamento de sistemas inteiros. Clientes e parceiros da cadeia de valor precisam ser reeducados acerca do que a empresa está, naquele momento, tentando fazer, o que, em geral, significa reinvestimentos pesados em marca e imagem. Para citar um exemplo: no início da década de 1980, a Sears pulava de uma *estratégia do dia* para outra, confundindo os clientes sobre o que ela representava. Por muitos anos conhecida como vendedora de ferramentas e eletrodomésticos, tentou se tornar, primeiro, prestadora de serviços financeiros, depois, varejista de moda e, em seguida, uma experiência de serviço abrangente, sob o slogan implausível de "From Stocks to Socks" (de ações a meias). A Sears passava de uma iniciativa a outra, desde "A Loja do Futuro" e "Preços Baixos Todos os Dias" até "Central de Marcas", "O Lado mais Suave da Sears" e "A Grande por Dentro". Como afirmou um de seus gerentes: "Recebíamos boas ideias da administração... Cada ideia vinha, fracassava e desaparecia; em seis meses, havia outra ideia. Depois de um tempo, não acreditávamos mais nelas".

Geralmente, leva anos, e não meses, para se implantar com sucesso uma nova estratégia. Pense no "One Ford" (Uma Ford), nome dado ao reposicionamento da Ford Motor Company sob o comando do CEO Alan Mulally. A montadora enfrentava dificuldades há décadas quando contratou em 2006 o então executivo da Boeing. Mulally abandonou a "casa de marcas" construída por seus predecessores, desfazendo-se da Jaguar, Land Rover, Aston Martin e Volvo. Ao se concentrar na marca Ford, Mulally transferiu a ênfase de caminhões e utilitários esportivos para carros de passeio mais ecologicamente corretos. Ele também crê que as necessidades e preferências dos clientes de todo o mundo estão convergindo; isto é, fará cada vez menos sentido projetar carros especialmente para um mercado específico. O modelo Focus 2012 é o primeiro verdadeiramente global da empresa.

Agora, vamos analisar o que uma mudança de estratégia como essa envolve para uma empresa com 200 mil funcionários. Antigas formas de fazer as coisas tiveram de ser desmanteladas e esquecidas à medida que novas estruturas, sistemas e processos tomavam seu lugar. O desenvolvimento de produtos teve de ser reformulado. A capacidade de produção, reduzida. Os acordos trabalhistas, renegociados. O marketing, renovado. Há quatro anos no processo, Mulally estima que serão necessários mais três para que 80% dos produtos da Ford sejam desenvolvidos em plataformas globais.

O desafio gerencial é enorme. Lembremos da explicação matemática simples de Porter sobre o motivo pelo qual copiar uma estratégia tende a produzir resultados nada satisfatórios: quando as chances de realizar cada atividade corretamente são inferiores a 1, a probabilidade de fazer quatro ou cinco coisas certas rapidamente se deteriora ($0,90 \times 0,90 \times 0,90 \times 0,90 \times 0,90 = 0,59$). A mesma lógica explica por que mudanças frequentes de estratégia tendem a ser um obstáculo significativo ao desempenho. Algumas atividades, práticas, habilidades ou atitudes nunca alcançarão a nova estratégia.

O QUE A CONTINUIDADE ENVOLVE?

A continuidade da estratégia não significa que uma organização deve ficar parada. Desde que haja estabilidade na proposição de valor básica, pode, e deve, haver grande inovação no modo como ela é entregue. Na realidade, as empresas de sucesso raramente têm de se reinventar, pois estão constantemente reinventando seus métodos. Elas continuam se aprimorando no que fazem. Continuam buscando maneiras de criar mais valor, de aumentar o bolo.

> A continuidade da estratégia não significa que uma organização deve ficar parada. Desde que haja estabilidade na proposição de valor básica, pode, e deve, haver grande inovação no modo como ela é entregue.

Em 1850, Paul Julius Reuter descobriu um jeito engenhoso de acelerar o fornecimento de informações financeiras globais para os participantes do mercado. Sua nova tecnologia foi o pombo-correio. A empresa de Reuter sobrevive até os dias de hoje, embora os pombos tenham cedido lugar a diversas inovações tecnológicas, começando com o telégrafo e culminando com a internet. A Reuters continua a atender à necessidade permanente por informações rápidas sobre os mercados financeiros, embora com um conjunto de atividades muito diferente atualmente do que o de mais de 150 anos atrás.

Quem olha para o Aravind Eye Hospital da Índia hoje em dia vê uma organização de grande porte e complexidade, que presta uma ampla variedade de serviços oftalmológicos. Atuando em conjunto com líderes e grupos de serviço de comunidades locais, realiza mutirões de exame oftalmológico, um programa social que leva tratamento e educação a mais de 2,3 milhões de pacientes por ano nos vilarejos rurais. Em 1992, visto que o volume de cirurgias havia crescido em escala, o Aravind passou a fabricar lentes, um dos suprimentos mais onerosos. Sua divisão de manufatura, a Aurolab, produz lentes intraoculares, além de outros itens utilizados em cirurgia oftalmológica. Desde suas origens humildes em 1976, quando começou com três médicos e 11 leitos, muitas mudanças ocorreram na escala e no escopo do Aravind, mas o hospital continua a atender à necessidade permanente por tratamento oftalmológico de preço acessível.

Atualmente, uma loja Walmart parece muito diferente de sua congênere de 1962, ano em que a rede varejista foi fundada. As primeiras lojas atendiam clientes de cidades pequenas da zona rural dos Estados Unidos, mercados que não eram atendidos pela concorrência. Agora, o Walmart atua em mercados de todos os tamanhos, em todo o mundo. É líder em categorias que Sam Walton nunca sonhou vender. Por exemplo, é o maior vendedor de gêneros alimentícios do país, negócio em que a rede ingressou somente no final da década de 1980. Também vende mais DVDs do que qualquer outro varejista, categoria em que entrou em 1999. Apesar de cinco décadas de mudanças drásticas na gama de mercadorias vendidas, de modificações nos formatos e sistemas das lojas e de melhorias contínuas em produtividade, a proposição de valor básica não mudou: o Walmart continua a oferecer a seus clientes produtos de marcas conhecidas a preço baixo todo dia.

Em cada um desses casos, a mudança foi viabilizada pela continuidade de direção. É onde a estabilidade mais importa – na proposição de valor básica, a essência das necessidades atendidas pela empresa e seu preço relativo.

CONTINUIDADE EM UM CENÁRIO DE INCERTEZA

Um dos fatos mais difíceis da vida para os gestores é ter de tomar decisões sob condições de incerteza. E, se você atua em um ambiente altamente incerto, é fácil cair em um silogismo falso mais ou menos como o seguinte:

Não consigo prever o futuro.

A estratégia requer uma previsão do futuro.

Logo, não posso me comprometer com uma estratégia.

Se você não pode prever o que vai acontecer no próximo trimestre, e muito menos dentro de três a cinco anos, talvez seja mais seguro permanecer flexível, correr mais e dormir menos. Essa lógica permeou o debate sobre competição na última década, no mínimo.

No entanto, para Porter, a segunda premissa é imperfeita. As grandes estratégias raramente, talvez nunca, são desenvolvidas sobre uma previsão particularmente detalhada ou concreta do futuro. Por exemplo, o Walmart viu-se no meio de uma revolução do varejo; entretanto, sua estratégia não exigiu que a empresa previsse a direção que a revolução ia tomar. Desde o surgimento da In-N-Out Burger em 1948, houve uma revolução na maneira pela qual os alimentos são produzidos, preparados e consumidos, mas a estratégia da empresa não dependia de sua capacidade de prever qualquer uma dessas grandes mudanças. A estratégia da BMW não requereu uma previsão extraordinária sobre os eventos que abalariam a indústria automobilística, desde a crise do petróleo até o surgimento da China como o mercado automobilístico de crescimento mais rápido do mundo.

> As grandes estratégias raramente, talvez nunca, são desenvolvidas sobre uma previsão particularmente detalhada ou concreta do futuro.

Basta uma percepção bastante ampla de que tipos de cliente e necessidade vão ser relativamente sólidos daqui a cinco ou dez anos. Implicitamente, a estratégia é uma aposta de que os clientes ou as necessidades escolhidas – bem como os *trade-offs* essenciais para atendê-los com o preço correto – serão duradouros.

Nesse sentido, algumas proposições de valor revelam-se mais robustas do que outras. O modelo de venda direta da Dell baseou-se no fato de que alguns clientes não queriam, ou não necessitavam, que um varejista ou um intermediário, como um revendedor, lhes oferecesse recomendações e informações. Nos primeiros anos dos computadores pessoais, a genialidade dessa escolha de posicionamento foi que, à medida que os consumidores se familiarizavam com as máquinas, a quantidade de clientes dispostos a dispensar um intermediário provavelmente cresceria, não o contrário. A Dell estava posicionada em uma estratégia que tendia a ter mais oportunidade de crescimento do que as outras estratégias. Nesse sentido, a Dell fez uma previsão implícita que se provou correta, ao menos até alguns anos atrás (*veja o boxe* "Quando a estratégia precisa mudar?").

A estratégia da America Online (AOL) foi inversa à da Dell. A AOL ajudou a introduzir milhões de pessoas na internet, tornando a experiência amigável ao usuário e cobrando um sobrepreço por isso. Essa escolha de posicionamento tinha uma vulnerabilidade inerente. À medida que os clientes se familiarizassem com o ambiente on-line, ficariam menos propensos a precisar daquilo que a provedora estava configurada para fornecer. Inevitavelmente, eles trocariam as páginas simples da web por funcionalidades mais detalhadas ou velocidades mais altas. Ou, então, optariam por um provedor de serviço de internet mais despojado que cobrasse menos.

Além dessa aposta fundamental de que as necessidades escolhidas serão duradouras, a estratégia não requer aquilo que Porter denomina "previsões ousadas" acerca do futuro. A Southwest Airlines só tinha de prever que as pessoas continuariam a querer transporte aéreo de baixo custo e alta conveniência. Não tinha de prever a preocupação crescente com o terrorismo ou o preço do combustível ou, ainda, alguma das diversas variáveis que têm impactado o setor da aviação comercial. A In-N-Out Burger só precisava prever que algumas pessoas continuariam a querer hambúrgueres com fritas, preparados na hora com ingredientes frescos. Da mesma forma, a BMW em relação à necessidade por design, desempenho e prestígio seria duradoura.

Alan Mulally está construindo o futuro da Ford com base em uma previsão simples: as preferências dos consumidores de todo o mundo estão ficando mais parecidas no que se refere a um carro. A estratégia não depende da inclinação da curva de penetração para automóveis elétricos, embora essa possa vir a ser uma revolução tecnológica arrasadora – se acontecer. Segundo Mulally, "Isso é estratégia. Um ponto de vista sobre o futuro, que orienta a tomada de decisão. A pior coisa a fazer é não ter um ponto de vista e não tomar decisões". Porter não poderia ter dito isso melhor.

QUANDO A ESTRATÉGIA PRECISA MUDAR?

Quanto mais tempo durar o sucesso de uma estratégia, mais difícil será perceber as ameaças reais que podem invalidá-la. Continuidade não significa complacência, mas, em se tratando de seres humanos, esta pode instalar-se, caso os gestores não estejam vigilantes. Estratégias eficazes têm capacidade de resistência, mas há ocasiões em que, sem dúvida, uma estratégia deve ser mudada. Na visão de Porter, isso que se pode chamar de pontos de inflexão são relativamente raros, e as empresas estão mais propensas a abandonar prematuramente suas estratégias. Portanto, é importante entender as condições que indiscutivelmente requerem novas estratégias.

Primeiro, à medida que as necessidades dos clientes mudam, a proposição de valor básica de uma empresa pode simplesmente ficar obsoleta. Muitas vezes, quando as necessidades mudam, as empresas são capazes de evoluir para atender a elas, mas nem sempre. O problema real acontece quando as necessidades desaparecem.

Fundada em 1976, a Liz Clairborne atendia a uma necessidade emergente para uma geração de mulheres que ingressava no mercado de trabalho pela primeira vez. A empresa dava a suas clientes a segurança de que estariam vestidas corretamente para o sucesso. Explorando essa nova necessidade, a Liz Clairborne cresceu com rapidez e lucratividade. No decorrer da década de 1980, seu desempenho foi extraordinário. Entretanto, no início da década seguinte, a insegurança feminina sobre o que vestir no local de trabalho havia diminuído. Após uma década de dependência das orientações da Liz Clairborne, as mulheres ficaram mais confiantes em suas próprias escolhas e mais interessadas em variedade. Ao mesmo tempo, os códigos de vestimenta no ambiente de trabalho relaxaram. A necessidade a que a Liz Clairborne atendia tão bem diminuiu rapidamente. As receitas caíram de US$ 223 milhões, em 1991, para US$ 83 milhões, em 1994.

Diversos fatores além dos demográficos e de mudança social podem modificar as necessidades dos clientes. Por exemplo, mudanças significativas de regulamentação costumam alterar o mix de valor para o cliente e custo que as empresas podem oferecer. A regulamentação pode manter um setor em equilíbrio artificial ao definir as necessidades dos clientes de maneira arbitrária. A desregulamentação pode liberar forças econômicas reprimidas, permitindo a emergência de novas necessidades. É comum que mudanças estruturais em determinado setor demandem novas posições estratégicas.

Segundo, inovações de todos os tipos podem ajudar a invalidar os trade-offs essenciais sobre os quais a estratégia se baseia. A estratégia da Dell – satisfazer requisitos básicos de microcomputadores com preços relativos baixos – baseava-se nas vantagens de custo de seu modelo de venda direta. Essa estratégia funcionou em boa parte de duas décadas. No entanto, o surgimento dos ODMs (fabricantes originais do projeto, na sigla em inglês) de Taiwan permitiu que concorrentes como a Hewlett-Packard terceirizassem o projeto e a montagem, basicamente anulando a vantagem de custo da Dell. Esta também enfrentou a mudança na venda de micros para consumidores finais em vez de grandes empresas e o crescimento vigoroso das vendas do setor pelo canal de varejo. Essas mudanças neutralizaram os principais *trade-offs* da Dell. No final da década de 1990, quando entrevistei Michael Dell, ele afirmou que se preocupava com as pessoas na Dell "que falam do 'modelo' como um ser todo-poderoso que cuidará de tudo. É assustador, porque eu sei que nada se mantém 100% constante para sempre". Sua preocupação revelou-se profética. Uma empresa precisa de uma nova estratégia se sua cadeia de valor não permite superar o desempenho dos competidores no fornecimento de uma proposição de valor única.

Terceiro, uma inovação tecnológica ou gerencial pode sobrepujar completamente a proposição de valor de uma empresa. De todas as forças que ameaçam estratégias, nenhuma chama mais a atenção do que a tecnologia. Uma nova tecnologia pode mudar as regras do jogo ocasionalmente, porém não com frequência. Uma tecnologia verdadeiramente revolucionária invalidará os ativos da geração corrente de líderes do setor. A fotografia digital foi uma tecnologia arrasadora para a Kodak, fabricante dominante de filme fotográfico. Na maioria dos usos, a fotografia digital é superior ao filme. Em consequência, o valor dos ativos existentes da Kodak, baseados em um processo químico e acumulados ao longo de uma história de cem anos, foi dizimado. Mas, mesmo nesse caso extremo, no qual a Kodak terá de investir bilhões para reunir nova expertise em eletrônica, a empresa ainda possui uma marca valiosa e outros ativos sobre os quais pode construir um novo futuro.

> Para determinar se uma tecnologia é realmente revolucionária, verifique se ela pode ser integrada à cadeia de valor existente da empresa ou customizada de modo a melhorar suas atividades correntes. Para Porter, na prática, tecnologias realmente revolucionárias são muito raras.

Voltemos ao falso silogismo citado inicialmente. Muitos executivos, incentivados por gurus da administração, adotaram a flexibilidade como alternativa à estratégia. Entretanto, basta aplicar os fundamentos econômicos da vantagem competitiva para rapidamente identificar a imperfeição dessa abordagem. Pergunte-se: qual é o elo entre flexibilidade e desempenho superior? Será que a flexibilidade vai satisfazer as necessidades do cliente melhor do que uma estratégia nitidamente focada nessas necessidades? Restringir as atividades – seguir o caminho em parte, no todo ou em nada – resultará em preços mais altos e custos mais baixos? O argumento de Porter é que, ao *substituir* a estratégia pela flexibilidade, uma organização nunca terá representatividade ou excelência no que faz. A flexibilidade soa bem na teoria, mas ao associá-la ao nível concreto das atividades executadas, percebe-se por que a flexibilidade *sem estratégia* resultará em mediocridade – a customização será insatisfatória, os *trade-offs*, inexistentes e o ajuste, impossível. Todos esses elementos exigem que uma empresa mantenha uma direção.

O QUE MUDAR?

A estratégia é um caminho, não um ponto fixo. Quando eficaz, é dinâmica. Define um resultado de mercado desejado, não todos os meios de alcançá-lo. Embora a continuidade de direção seja essencial à estratégia, alguns tipos de mudança são absolutamente cruciais à manutenção da vantagem competitiva.

Primeiro, deve-se permanecer na fronteira da eficácia operacional. Caso contrário, a estratégia perderá importância. Deve-se assimilar continuamente as melhores práticas *não conflitantes* com a estratégia ou os *trade-offs* essenciais a ela. O insucesso em atender a essa dimensão resultará em penalidades de custo que podem aniquilar as outras vantagens.

> Ao *substituir* a estratégia pela flexibilidade, uma organização nunca terá representatividade ou excelência no que faz.

A BMW enfrentou esse desafio em meados da década de 1990. Outros fabricantes haviam investido expressivamente nas melhores práticas, e ela ficara para trás. Por exemplo, em desenvolvimento de produtos, a BMW percebeu que seu ciclo de seis meses por veículo era insustentável e planejou cortar o tempo pela metade. Nesse processo, adotou diversas melhorias importantes de *eficácia operacional*, práticas que tornariam *qualquer* montadora mais produtiva, independentemente da estratégia adotada. Por exemplo, a antiga sequência linear de atividades de projeto foi reduzida com a execução de algumas delas em paralelo. As simulações de colisão podiam ser realizadas em computadores, em vez de usar protótipos. Eram melhores práticas evidentes para fabricantes tanto de modelos de luxo quanto de furgões para uma família inteira.

No entanto, a BMW limitou as mudanças até o ponto em que passariam a afetar as qualidades que a tornam única. Por exemplo, ela implantou um sistema de modelagem por computador (CAS, na sigla em inglês), que permitia aos designers realizar cerca de 80% do trabalho necessário. Contudo, para atingir o nível requerido pela BMW, o restante precisava ser feito com modelos físicos. A revisão do processo de design industrial resultou em um híbrido que combinava as vantagens de tempo do CAS com as vantagens de qualidade da modelagem manual.

Seja qual for a inovação tecnológica ou gerencial, alguns usos vão ser as melhores práticas que todos terão de adotar. Outros deles terão importância estratégica e requerem avaliação cuidadosa. A pergunta a fazer acerca de qualquer inovação é simples: reforçará a estratégia ou comprometerá a singularidade?

Em segundo lugar, deve-se mudar sempre que surgirem maneiras de estender a proposição de valor ou melhorar sua entrega. Essas mudanças são específicas à estratégia e não beneficiam igualmente todas as empresas. De certa forma, essas oportunidades de inovação surgem exatamente *porque* há uma estratégia para começo de conversa. Quase no mesmo dia em que começou a distribuir os DVDs da Netflix pelo correio, o CEO Reed Hastings começou a buscar uma solução baseada na internet. Quando se tornou exequível transferir vídeos diretamente para os micros dos clientes, a Netflix percebeu imediatamente que isso atenderia melhor às necessidades que formavam a base de sua estratégia desde o início. A entrega pelo correio era um meio de executar seu modelo "direto". O *streaming* (transferência de dados, normalmente áudio e vídeo, em fluxo contínuo pela Web) promoveria a redução do tempo e dos custos de logística associados ao envio dos DVDs para a casa do clientes. (Em 2010, o custo de remessa e devolução pelo correio de um DVD era de cerca de 1 dólar, em contraste com apenas 5 centavos de dólar por transmissão on-line.) Para concorrentes como a Redbox, da Coinstar – cuja estratégia gira em torno de quiosques convenientemente localizados –, essa mudança teve menos relevância imediata.

Ao contrário da maioria dos fabricantes de automóveis, a BMW parece considerar o desenvolvimento dos carros elétricos uma forma de estender sua proposição de valor. Enquanto os demais concorrentes estão se apressando para se lançar nesse mercado usando plataformas convencionais já existentes, os engenheiros da BMW preferiram seguir seu próprio caminho. Eles acreditam que a única maneira de alcançar o tipo de desempenho e modelagem que distingue a BMW é projetar um veículo inteiramente novo desde a base. A construção em fibra de carbono do compartimento de passageiros e outros componentes compensará o peso adicional das baterias elétricas. De acordo com Adrian van Hooydonk, chefe de projeto da BMW, o posicionamento será "sustentabilidade premium", visando "motoristas abastados que vivem em áreas urbanas e querem parecer ecologicamente corretos", sem ter de fazer um "voto de pobreza sobre rodas".

ESTRATÉGIAS EMERGEM E ESTRATÉGIAS EVOLUEM

Quando Porter escreve sobre estratégia, escolhe empresas com estratégias valiosas e plenamente desenvolvidas, como a Southwest ou a Ikea. Se existisse um Prêmio Nobel para estratégia empresarial, elas seriam vencedoras. Esses notáveis exemplos passam em todos os testes de estratégia com mérito. Alcançaram o sonho da maioria dos gestores: desempenho excelente ao longo de muitas décadas (*veja Figura 7.1*). Porter analisa essas empresas, *a posteriori*, e pergunta: o que explica o sucesso delas? A resposta é sempre a mesma: cada uma delas foi capaz de criar um sistema empresarial complexo, elegantemente configurado para produzir certo tipo de valor em um contexto específico do setor. Devo enfatizar que essas organizações passaram décadas aprimorando esses sistemas, esses conjuntos complexos e intricados. Eis porque a continuidade ao longo do tempo é um dos cinco testes de Porter, e porque eu o chamo de capacitador.

FIGURA 7.1 CONTINUIDADE NA SOUTHWEST AIRLINES

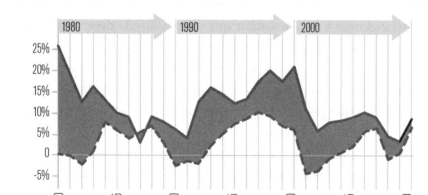

A continuidade da estratégia da Southwest Airlines reflete-se em sua vantagem competitiva sustentável. No período de 30 anos, de 1980 a 2010, o ROIC médio da empresa foi de 11,4%, em contraste com os 3,1% do setor. A vantagem da Southwest foi mais acentuada nas décadas de 1980 e 1990, sofrendo desgaste na década passada diante da competição de imitadores com custos trabalhistas menores. Ao mesmo tempo, as pressões por crescimento levaram a Southwest a afrouxar alguns de seus trade-offs básicos. Por exemplo, no passado só atendia a rotas regionais; não é mais o caso. Afrouxar trade-offs tem consequências econômicas.

A esta altura, suponho que ninguém seja tão simplista a ponto de acreditar que Porter está sugerindo que qualquer um pode criar uma Southwest ou uma Ikea da noite para o dia, em três etapas simples:
1. Fazer alguma análise (cinco forças, cadeia de valor, custo relativo e valor relativo).
2. Traçar um mapeamento do setor, mostrando como os competidores correntes estão posicionados.
3. Escolher uma posição ainda não ocupada.

Alguns gestores questionam se alguém, incluindo o próprio Porter, pode projetar, antecipadamente, um sistema tão complexo. Talvez fazer análise estratégica não seja uma perda de tempo. Talvez seja o caso de despertar seu espírito empreendedor ou desencadear uma série de experiências e ver o que acontece.

E, então, o que Porter diz a respeito de como atingir o equilíbrio certo entre projetar analiticamente uma estratégia e fazer experiências até que surja alguma? Pode-se pressupor que Porter seria totalmente favorável ao lado "projeto" do argumento. Nada disso. Segundo ele, uma boa análise é essencial, mas é um erro achar que uma estratégia deve ser definida em sua totalidade *a priori*. Há variáveis e incertezas demais envolvidas em prever tudo. Ao longo do processo de atender os clientes e competir com os rivais, uma organização desenvolve *insights* importantes acerca da estratégia que pode não ter tido no início. Com o passar do tempo, novas oportunidades surgem.

A continuidade dá a uma organização o tempo necessário para aprofundar a compreensão da estratégia. Em outras palavras, aderir a uma estratégia permite a uma empresa entender plenamente o valor que cria e ser realmente eficaz nisso. Estratégias nunca atingem a plenitude no primeiro dia. A Southwest precisou de quatro anos desde sua criação *antes de começar a voar*. Ingvar Kamprad criou a Ikea em 1943, mas só *abriu uma loja* em 1958, e somente em meados da década de 1960 a empresa testou o projeto da loja de autoatendimento que a distingue. Frequentemente, as estratégias surgem por meio de um processo de descoberta que pode levar anos de tentativas e erros enquanto a empresa testa o posicionamento e identifica a melhor maneira de fazer jus a ele.

No extremo oposto, Porter adverte contra a ideia de que uma organização pode simplesmente chegar por acaso a uma estratégia estimulando a experimentação desconexa em todas as suas unidades. A estratégia consiste no todo, não nas partes. O ponto de partida deve ser uma base estável ou, no mínimo, uma hipótese bem fundamentada a respeito de como a empresa vai criar e captar valor.

De modo geral, a estratégia começa com duas ou três escolhas essenciais. Ao longo do tempo, à medida que ela fica mais clara, escolhas adicionais complementam e ampliam as originais. Como já vimos, a Southwest começou com três aviões e a proposição de valor simples de serviço conveniente com preço baixo. Também vimos como foram importantes para a vantagem competitiva da empresa os *turnarounds* rápidos nos terminais de embarque. Entretanto, esse elemento crucial não foi algo que os fundadores da Southwest equacionaram antecipadamente.

Logo, o CEO Lamar Muse enxergou a oportunidade de prestar serviços de fretamento interestadual e comprou um quarto avião. Essa aeronave extra também permitiria que a Southwest adicionasse mais voos a suas rotas regulares, ampliando a conveniência. Acontece que uma decisão judicial impediu a Southwest de voar para fora do estado do Texas. Inesperadamente, o quarto avião virava um fardo financeiro. Muse vendeu-o, mas quis manter a tabela aprimorada de horários. Isso seria possível somente se conseguissem *turnarounds* de dez minutos nos terminais. A necessidade foi a mãe da invenção. Como recorda um gerente de terminal da Southwest na época: "A maioria de nós não tinha experiência no setor aéreo e não fazíamos ideia de que isso não poderia ser feito. Então, simplesmente fizemos".

Quando analisamos uma estratégia realmente notável como a da Southwest ou da Ikea, o todo é tão intricado e consistente, a lógica econômica, tão clara e convincente, que concluímos que *deve* ter sido toda planejada antecipadamente. De jeito nenhum. Pense na Dell. A essência de sua estratégia logo se cristalizou em torno da venda direta (evitando a margem do revendedor) e da montagem sob encomenda usando componentes adquiridos de terceiros (evitando o custo interno de desenvolvimento de tecnologia e manufatura de componentes). A partir dessa base, muita coisa se desenvolveu e mudou ao longo do tempo, à medida que a empresa aprendia sobre as possibilidades inerentes à estratégia que Michael Dell não previu no início.

Inicialmente, por exemplo, a Dell descobriu que a proposição de valor era mais atraente a clientes de grandes empresas, com departamentos internos de TI, do que a compradores de menor porte. Também se revelou que os clientes maiores faziam pedidos em quantidade grande o suficiente para a empresa alcançar eficiência em atendê-los. Portanto, a Dell concentrou os esforços iniciais em clientes corporativos de maior porte, deixando o que era, na época, um mercado de consumo não rentável para outros fabricantes de computadores.

Depois de anos mantendo a estratégia inicial, a Dell percebeu que a venda direta – e a montagem de computadores sob encomenda – dava-lhe outras fontes significativas de vantagem competitiva. Tempos de ciclo e níveis de estoque menores resultavam disso, proporcionando-lhe uma vantagem de custo relativo em uma época na qual os preços dos componentes caíam vertiginosamente. Isto é, os concorrentes da Dell que tinham de estocar os produtos, fabricavam computadores com componentes mais antigos e custosos. A Dell também descobriu que o relacionamento direto com os clientes fornecia-lhe informações mais apuradas sobre a demanda futura do que as obtidas por seus rivais, e isso, por sua vez, melhorava o gerenciamento de sua cadeia de fornecimento. Até o início da década de 2000, essa foi a essência da vantagem de custo da Dell e sua capacidade de oferecer aos clientes tecnologia-padrão Windows-Intel a preços menores.

A Dell precisou de muitos anos para avaliar plenamente o poder econômico de sua estratégia. Quanto mais ela se conscientizava da importância do estoque para sua proposição de valor, mais tratava de concentrar a atenção de toda a organização na identificação de novas maneiras de reduzi-lo. Enquanto outros fabricantes de computadores monitoravam margens brutas, a Dell ficava de olho no ROIC, um indicador que focalizava o gerenciamento do estoque. Ela também aprendeu com seus erros. Diante da desaceleração do crescimento na década de 1980, a empresa tentou vender por meio de revendedores. Rapidamente deu meia-volta, percebendo que vacilar entre duas posições trazia mais danos do que benefícios.

O ponto-chave de Porter é este: raramente, talvez nunca, é possível equacionar desde o início tudo aquilo que acabará tendo importância. A mudança, portanto, é inevitável, e a capacidade de mudança é crucialmente importante. No entanto, a continuidade de direção torna a mudança eficaz mais viável. Não resta dúvida de que a sorte teve seu papel em alguns sucessos empresariais extraordinários. Mas, como Porter gosta de dizer, quem ficaria ansioso por investir em alguém cuja "estratégia" se baseia em um golpe de sorte? Você pode não ser capaz de analisar qual caminho seguir para um sucesso espetacular – a criatividade e o acaso têm influência. Entretanto, dotado da compreensão dos fundamentos da estratégia, você tem mais chances – muito mais – de tomar decisões melhores ao longo do percurso.

O PARADOXO DA CONTINUIDADE

Desde a década de 1990, liderar um processo de mudança tornou-se o atributo distintivo de um grande CEO. No entanto, o princípio da continuidade nos recorda que nem toda mudança é positiva, que muita mudança pode ser ruim e que nem toda mudança requer uma mudança estratégica. Entender a compreensão da função que a continuidade desempenha na estratégia modificará o que se pensa a respeito da própria mudança. Paradoxalmente, a continuidade da estratégia acaba melhorando a capacidade de uma organização de se adaptar a mudanças ambientais e inovar.

> Paradoxalmente, a continuidade da estratégia acaba melhorando a capacidade de uma organização de se adaptar a mudanças ambientais e inovar.

Por quê? O processo de mudança consiste em filtrar e classificar uma quantidade imensa de informações e concentrar a atenção nas ações que uma empresa precisa empreender. As taxas de juro e de câmbio flutuam. A mídia social cresce exponencialmente. Alguns novos formatos de varejo emergem. A China faz X, a Índia faz Y. A nova geração apresenta valores e hábitos de trabalho diferentes daqueles dos pais. Os chips de silício alcançam incríveis densidades de circuito. Porter observa, porém, que esses eventos, e centenas de outros, não são significativos para todas as empresas. Quando não se tem uma estratégia, qualquer coisa pode afetar um negócio. A estratégia ajuda a decidir o que é importante porque identifica quem uma organização está tentando atender, que necessidades ela procura satisfazer e como sua cadeia de valor está distintivamente configurada para fazer isso ao preço certo. Esses elementos fundamentam uma empresa, permitindo-lhe separar o que importa do que não importa. A estratégia torna as prioridades mais evidentes. Além disso, se a organização tiver um objetivo que as pessoas entendem, a disposição e o senso de urgência delas em relação à mudança serão maiores.

No âmbito pessoal, é mais fácil mudar quando você sabe quem é e o que representa. Para uma organização, é debilitante achar que deve atender a cada nova necessidade que surge ou adotar toda nova tecnologia que aparece em seu caminho. No entanto, quando todos entendem a proposição de valor, uma organização pode aproveitar as novas tendências que permitem que ela se destaque mais na satisfação das necessidades dos clientes. Pode examinar as diversas mudanças em torno dela e entender rapidamente quais são pertinentes. A base de clientes moderna e instruída da Ikea preocupa-se com o meio ambiente, e o catálogo 2010 da empresa destaca o apelo ecológico das embalagens planas. A Ikea consegue manter-se atual e pertinente usando uma abordagem de marketing que (a) pratica há décadas e (b) está em consonância com sua estratégia de baixo preço.

> A configuração premeditada e explícita da estratégia é *mais importante do que nunca* em tempos de mudança e incerteza.

As organizações são complexas. Precisam de tempo para se tornarem realmente proficientes na entrega do tipo de valor escolhido. No que inicialmente parece um paradoxo, Porter sustenta que a configuração premeditada e explícita da estratégia é *mais importante do que nunca* em tempos de mudança e incerteza. Mas isso não é um paradoxo quando se para e pensa que a estratégia oferece uma direção clara, permitindo que os gestores ignorem as diversas distrações que os rodeiam. Uma estratégia, com seu foco na diferença entre valor para o cliente e custo, previne contra a tendência de seguir modismos às cegas.

EPÍLOGO:
UMA BREVE LISTA DE IMPLICAÇÕES PRÁTICAS

Iniciei este livro com uma frase curiosa atribuída a Mark Twain. Segundo ele, os clássicos são livros que todos gostariam de ter lido, mas ninguém quer ler. Agora, perto do término, finalmente entendi a mensagem de Twain. Não é que os clássicos sejam muito difíceis de ler. Acontece que somos indolentes demais e exigimos pouco de nós mesmos.

O que Porter espera dos gestores é muito simples e, ao mesmo tempo, muito difícil. Ele pede, apenas, que esses profissionais mantenham uma linha de visão clara entre suas decisões e seus desempenhos. Mas nada de trapaças – é preciso ser meticuloso e rigoroso. E, ao contrário da maioria dos autores de obras de administração, Porter se recusa a lhe dizer o que fazer. Ele se compromete a apresentar as estruturas básicas, uma teoria geral aplicável a todos os casos, mas o trabalho em questão é criativo e cada um tem de encontrar as respostas próprias e únicas.

É notório que os livros de administração ditam modismos. As ideias "revolucionárias" deste ano terão pouco uso daqui a três, cinco ou dez anos. Mas um verdadeiro clássico, tomando emprestada uma frase do escritor Italo Calvino, é uma obra "que nunca acaba de dizer o que tem a dizer". Além disso, "Toda releitura de um clássico é uma viagem de descoberta tanto quanto o foi na primeira leitura".

Certamente, esse é meu caso. A título de resumo, tentei elaborar uma breve lista das implicações práticas do que descobri na releitura de Porter. Listas desse tipo podem facilmente ser triviais. No entanto, aquele que domina as ideias essenciais de Porter, pode associar cada implicação aos fundamentos duradouros construídos por ele.

DEZ IMPLICAÇÕES PRÁTICAS

1. Competir para ser o melhor é uma abordagem intuitiva, mas autodestrutiva.
2. Não há mérito no tamanho ou no crescimento, se isso não for lucrativo. A competição trata de lucros, não de participação no mercado.
3. A vantagem competitiva não consiste em derrotar rivais, mas sim em criar valor único para os clientes. Se você tiver vantagem competitiva, verá seu impacto nos resultados financeiros.
4. Uma proposição de valor distintiva é essencial para a estratégia. Entretanto, estratégia é mais do que marketing. Se uma proposição de valor não requerer uma cadeia de valor especificamente sob medida para entregá-la, não haverá relevância estratégica.
5. Não ache que você tem de "contentar" todo cliente em potencial no mercado. Um sinal de uma boa estratégia é que ela deixa alguns clientes deliberadamente descontentes.
6. Nenhuma estratégia é significativa, a menos que deixe claro o que a organização *não* fará. Fazer *trade-offs* é um elemento decisivo para tornar a vantagem competitiva possível e sustentável.
7. Não superestime nem subestime a importância de uma boa execução. É improvável que seja fonte de vantagem sustentável, mas, sem ela, até mesmo a estratégia mais brilhante fracassará em gerar desempenho superior.
8. Boas Estratégias dependem de muitas escolhas, não de uma só, e das conexões entre elas. Uma competência essencial por si só raramente produz vantagem competitiva sustentável.

9. A flexibilidade diante da incerteza pode parecer uma boa ideia, mas significa que sua organização nunca terá representatividade nem excelência no que faz. Mudanças demais podem ser tão desastrosas para a estratégia quanto o inverso.
10. Comprometer-se com a estratégia não requer previsões ousadas sobre o futuro. Na realidade, assumir esse compromisso melhora sua capacidade de inovar e adaptar-se à turbulência.

PERGUNTAS MAIS FREQUENTES:
UMA ENTREVISTA COM MICHAEL PORTER

Esta entrevista foi realizada na Harvard Business School ao longo de diversas sessões no primeiro trimestre de 2011. A título de preparação, examinei transcrições de palestras de Porter, prestando atenção especial às perguntas que os gestores fizeram com mais frequência. Essas perguntas são repercutidas aqui.

I. ERROS E OBSTÁCULOS COMUNS

Magretta: Quais são os erros mais comuns de estratégia observados?
Porter: A mãe de todos os erros é competir para ser o melhor, seguir o mesmo caminho de todos e achar que de alguma forma será possível alcançar os melhores resultados. Essa é uma corrida difícil de ganhar. Muitos gestores confundem eficácia operacional com estratégia.

Outro erro comum é confundir marketing com estratégia. É natural que a estratégia surja do foco nos clientes e suas necessidades. Dessa maneira, em diversas empresas, a estratégia é construída em torno da proposição de valor, que representa o lado da demanda da equação. Entretanto, uma estratégia robusta requer uma cadeia de valor sob medida – também consiste no lado da oferta, a configuração única de atividades que fornece valor. A estratégia liga as escolhas do lado da demanda com as escolhas únicas a respeito da cadeia de valor (o lado da oferta). Não se obtém vantagem competitiva sem ambas.

Também há o erro de superestimar as forças. Muitas organizações têm uma visão distorcida ao olhar para dentro. O atendimento ao cliente pode ser percebido como um ponto forte. Então, isso se torna a "força" sobre a qual se procura construir uma estratégia. No entanto, a força real para fins de estratégia deve ser algo que uma empresa consegue fazer melhor do que qualquer um de seus concorrentes. E "melhor" porque ela está executando atividades diferentes daquelas que os outros executam, pois escolheu uma configuração distinta da deles.

Mais um erro comum é definir mal o negócio ou o escopo geográfico. Há uma tendência a definir os setores de modo abrangente, seguindo a influente obra de Theodore Levitt de algumas décadas atrás. Seu exemplo notório envolveu as estradas de ferro que não perceberam que estavam no negócio de transporte de carga e, assim, não perceberam a ameaça representada pelos caminhões e aviões cargueiros. No entanto, o problema em definir o negócio como transporte de carga é que as ferrovias são evidentemente um setor distinto, com princípios econômicos distintos e uma cadeia de valor distinta. Qualquer estratégia sólida em relação às ferrovias deve levar em conta essas diferenças. Definir o setor como de transporte de carga pode ser arriscado, caso leve os gestores à conclusão de que precisam adquirir uma empresa de carga aérea para que possam competir em diversas modalidades de transporte.

Da mesma forma, há uma tendência a definir os setores como globais quando, na verdade, são nacionais ou abrangem somente grupos de países vizinhos. As empresas, atentas ao alarde acerca da globalização, internacionalizam-se sem entender o real fundamento econômico de seu negócio. A cadeia de valor é a principal ferramenta para delinear os limites geográficos da competição, para determinar até que ponto esse negócio é local ou global. Em um negócio local, cada área local exigirá uma cadeia de valor completa e bastante distinta. No outro extremo, uma indústria global é aquela em que atividades importantes da cadeia de valor podem ser compartilhadas por todos os países.

No entanto, refletindo sobre minha experiência, tenho a dizer que o pior erro – e o mais comum – é não ter nenhuma estratégia. A maioria dos executivos acha que tem uma, quando realmente não é o caso, ao menos não do tipo que siga qualquer definição rigorosa, economicamente fundamentada.

> O pior erro – e o mais comum – é não ter nenhuma estratégia. A maioria dos executivos acha que tem uma, quando realmente não é o caso.

Magretta: Por quê? Por que tão poucas empresas possuem estratégias realmente notáveis? Quais são os maiores obstáculos para uma estratégia eficaz?

Porter: Eu costumava achar que a maioria dos problemas de estratégia resultava de dados limitados ou falhos, ou de uma análise insatisfatória do setor e dos competidores. Em outras palavras, achava que o problema era a incapacidade de entender a competição. Sem dúvida, isso acontece. Mas, quanto mais trabalho nesse campo, mais percebo obstáculos sutis e difundidos em relação ao pensamento estratégico claro e o desafio que as empresas enfrentam para manter suas estratégias ao longo do tempo.

Há muitas barreiras a distrair os gestores, impedindo ou afastando-os de realizarem escolhas estratégicas claras. Algumas das barreiras mais significativas resultam de diversas tendenciosidades ocultas que estão arraigadas nos sistemas internos, nas estruturas organizacionais e nos processos de tomada de decisão. Por exemplo, muitas vezes é difícil obter o tipo de informação de custos necessário ao pensamento estratégico. Ou o programa de incentivos da empresa recompensa as coisas erradas. Ou, então, é a natureza humana que dificulta a realização de *trade-offs* e a adesão a eles. A necessidade de *trade-offs* é um imenso obstáculo. A maioria dos gestores detesta realizá-los; são avessos a limites. Em vez disso, quase sempre procuram atender mais clientes, oferecer mais recursos. Não conseguem resistir à ideia de que isso conduzirá a mais crescimento e mais lucro.

Acredito que muitas empresas solapam suas próprias estratégias. Ninguém faz isso contra elas. A responsabilidade por isso é delas mesmas. Suas estratégias fracassam de dentro para fora.

Também há diversos matadores de estratégia no ambiente externo, que variam de supostos especialistas do setor até reguladores e analistas financeiros. Todos eles tendem a pressionar as empresas na direção do que denomino "competição para ser o melhor" – o analista que deseja que toda empresa pareça a favorita do momento no mercado, o consultor que leva uma organização a se comparar a todas as demais do setor ou que promove a próxima grande sensação, como a ideia de que se deve contentar e reter todos os clientes.

Tomemos essa última ideia como exemplo. Se escutar todos os clientes, fazendo tudo que lhe pedem, você não conseguirá ter uma estratégia. Como tantas ideias que são vendidas aos gestores, há alguma verdade nessa, mas as nuanças se perdem. Estratégia não consiste em deixar todos os clientes felizes. Quando você assumir seu papel de estrategista, terá de decidir que clientes e a quais necessidades quer atender. Quanto aos outros clientes e necessidades, bem, você simplesmente terá de se conformar com o fato de que vai decepcioná-los, pois isso é, na realidade, algo que lhe fará bem.

Também acredito que, à medida que evoluíram, os mercados financeiros ficaram cada vez mais prejudiciais à estratégia. A busca obcecada do valor para o acionista, medida no curto prazo, tem sido extremamente destrutiva para a estratégia e a criação de valor. Os gestores estão perseguindo o objetivo errado.

> Os mercados financeiros se tornaram prejudiciais à estratégia. A busca obcecada do valor para o acionista... tem sido extremamente destrutiva para a estratégia e a criação de valor.

Citei apenas alguns dos obstáculos, que se somam de modo cumulativo. Ter uma estratégia de início é difícil. Mantê-la é ainda mais difícil.

Magretta: O senhor poderia detalhar como os mercados financeiros têm impacto sobre a estratégia?
Porter: Esse é um problema multifacetado. Comecemos com a maneira pela qual os analistas financeiros e a comunidade de investidores avaliam as empresas. Para qualquer setor, os analistas tendem a tomar como base um conjunto de métricas relevantes. Por exemplo, no setor de varejo, são as vendas na mesma base de lojas do ano anterior, ignorando o efeito da abertura e do fechamento delas. Em outro setor, pode ser a receita por funcionário. Evidentemente, é recomendável identificar indicadores que informem o que está acontecendo em uma empresa. Mas o problema da estratégia é que as mesmas métricas são aplicadas a todas as empresas do setor. Uma das lições importantes acerca da estratégia é que, quando se estiver buscando um posicionamento distinto, métricas distintas serão pertinentes. Além disso, quando se forçam todos a mostrar progresso em relação à mesma métrica, isso vai estimular a convergência e solapar a singularidade estratégica.

Em outro nível, em qualquer dado momento, há uma tendência de os competidores dos mercados financeiros identificarem um "vencedor". Em geral, é a empresa que parece estar se saindo bem, seja porque cresce um pouco mais rápido, seja porque sua lucratividade nos últimos trimestres foi melhor. Para os analistas, isso se torna o padrão-ouro e, então, todas as empresas do setor são pressionadas a reproduzir o que o favorito do momento no setor está fazendo. Se o favorito é a Pfizer, e ela está fazendo aquisições, todos os demais do setor são pressionados a imitá-la. Sigam a Pfizer. Façam transações.

No entanto, muitas vezes o favorito da vez acaba perdendo prestígio, mas, normalmente, não antes de os analistas terem arrebanhado todos a seguirem o mesmo caminho. E, quando se trata de estratégia, obviamente não há um caminho melhor. A essência da estratégia é cada um criar seu próprio caminho. Você quer correr sua própria corrida para alcançar uma meta distintiva, que é a maneira como escolheu criar valor. É assim que os mercados financeiros reforçam a mentalidade da competição para ser o melhor. E eles se estabelecem como o árbitro do que significa "o melhor".

Em um terceiro nível, o peso da atividade nos mercados gravita em torno das transações de curto prazo em contraste com o investimento de longo prazo. As pessoas compram e vendem ações rapidamente, buscando o lucro nas pequenas diferenças e descontinuidades. Contudo, a estratégia requer um horizonte de tempo maior. Forjar uma posição única no mercado exige uma série de investimentos ao longo do tempo. Então, quais são as consequências dessa disparidade? Se serão necessários alguns anos para gerar ganhos, mas poucos meses para adquiri-los, por que não pegar o atalho, especialmente se você pode se dar ao luxo de esquecer os ativos intangíveis que está depreciando após o fechamento das transações? Há uma forte inclinação à realização de negociações. No nível mais amplo, ocorre um descasamento entre o foco do mercado no desempenho de curto prazo e o horizonte de tempo maior que apoiaria o investimento na construção da posição estratégica.

A ênfase total sobre o valor para o acionista nas últimas duas décadas induziu os gestores a focar a coisa errada. Na realidade, eles deveriam focalizar a criação de valor econômico sustentável no longo prazo. Os mercados financeiros destacam-se em impulsionar a eficácia operacional, em pressionar as empresas a aumentar eficiência e lucratividade e usar melhor o capital – essas são influências positivas. Contudo, não tenho dúvida de que os mercados prejudicam a estratégia, ainda que o impacto seja sutil e, na maioria das vezes, desconhecido.

II. CRESCIMENTO: OPORTUNIDADES E ARMADILHAS

Magretta: Os mercados financeiros pressionam os gestores a crescer. No entanto, o senhor observou que essa pressão pode ter um efeito perverso sobre a estratégia. Como um negócio pode crescer sem solapar a estratégia?

Porter: Esse é um grande problema. A pressão para crescer está entre as maiores ameaças contra a estratégia. E, nesse caso, estou me referindo ao crescimento dentro de um negócio, não a uma diversificação, que é igualmente desafiadora. Com muita frequência, as empresas acreditam que qualquer crescimento é algo positivo. Elas tendem a se exceder, adicionando linhas de produto, segmentos de mercado ou regiões geográficas que comprometem a singularidade, criam concessões, reduzem o ajuste e acabam solapando a vantagem competitiva.

> A pressão para crescer está entre as maiores ameaças contra a estratégia.

Meu conselho é concentrar-se no aprofundamento e na extensão de uma posição estratégica, em vez de ampliá-la e, em última análise, comprometê-la. Darei a seguir algumas ideias de como crescer de modo lucrativo sem destruir a estratégia.

Primeiro, nunca copie. As empresas sempre são confrontadas com oportunidades associadas a novos produtos, novos serviços ou migrações para grupos adjacentes de clientes. Como avaliar isso? Se seu concorrente tem uma boa ideia, aprenda com ela, reflita sobre o que essa inovação alcança, mas não a copie simplesmente. Equacione como a ideia pode ser adaptada e modificada a fim de reforçar sua estratégia. É pertinente às necessidades que você está tentando atender? Pode servir para reforçar sua singularidade? Não é preciso se apressar em adotar cada nova tendência. Entretanto, se a tendência for pertinente, trate de adequá-la a sua estratégia.

Segundo, aprofunde sua posição estratégica, sem ampliá-la. Geralmente, uma empresa pode crescer mais rápido – e de modo muito mais lucrativo – melhorando a penetração nas necessidades e nos clientes onde ela é distintiva do que por meio de uma progressão lenta em arenas de crescimento potencialmente maiores em que a empresa carece de singularidade. Assim, o primeiro lugar onde buscar o crescimento é na maior participação em seu mercado-alvo. Um erro comum é contentar-se com 50% do segmento visado quando 80% é alcançável. Você pode visar a liderança real quando o alvo é devidamente definido não como todo o setor, mas como o conjunto de clientes e necessidades a que sua estratégia atende melhor.

Ir mais fundo permite-lhe potencializar todas as vantagens e melhorar a lucratividade. Aprofundar uma posição estratégica dessa maneira envolve tornar as atividades da empresa mais distintivas, reforçando o ajuste e comunicando melhor a estratégia para aqueles clientes que claramente se beneficiam do que você faz de modo único. Frequentemente, conquistar 10% de participação em outro segmento onde não se tem vantagem prejudica a lucratividade.

Terceiro, realize a expansão geográfica de modo focado. Se você dominou sua oportunidade estratégica no mercado local, sempre há o resto do mundo.

Magretta: Algum outro conselho sobre como abordar mercados externos?

Porter: Quando você vai para o mercado externo, lembre-se de que não está tentando atendê-lo na totalidade. Está, isso sim, à procura do segmento *que valoriza o que você faz*. Assim, se for para a Espanha, não tente competir como as empresas espanholas existentes. Vá em busca daqueles clientes que lhe são mais favoráveis. Inicialmente, podem não representar uma grande parcela do mercado, mas podem ser ampliados ao longo do tempo. O admirável a respeito da expansão geográfica é que se pode crescer com a mesma estratégia. Você não tem de atender clientes no mercado local, se não satisfaz muito bem as necessidades deles.

No entanto, é preciso foco, pois a tendência na expansão geográfica é um envolvimento excessivo nas diferenças presentes no novo mercado. Localize a parte do novo mercado que responde àquilo que você faz, em vez de tentar se adaptar a todas as diferenças.

Outra característica fundamental da internacionalização bem-sucedida é o contato direto com o cliente. É difícil trabalhar com os canais de distribuição de terceiros. Você nunca entenderá as necessidades dos clientes, nunca será capaz de se diferenciar e se distinguir. Se outro estiver representando seu produto e escutando os clientes, como você poderá ter uma estratégia?

Além disso, seja especialmente cuidadoso ao fazer e integrar aquisições. Ao comprar uma empresa espanhola, tudo que você vai escutar dela é como as coisas são feitas na Espanha. Há economistas estudando incorporações e fusões há 20 anos, e eles descobriram que o vendedor obtém a maior parte do valor, não o comprador. As aquisições externas devem ser forçosamente reposicionadas em torno da sua estratégia, não deixadas a continuar as estratégias delas (a menos que, é claro, elas sejam melhores).

Mas a expansão geográfica poderá ser uma forma muito poderosa de alavancar e desenvolver sua estratégia, se você fizer isso do modo certo.

Magretta: E o que fazer se nenhuma dessas abordagens de crescimento for factível?
Porter: Essa é uma pergunta importante que poucos gestores estão dispostos a enfrentar. Às vezes, no fim do dia, a resposta é que há poucas oportunidades de crescimento rápido com sua estratégia, e de fazer isso de modo lucrativo. Você conquistou uma posição forte em seu setor, e não há nenhuma boa maneira de expandi-la de forma significativa. Nesse caso, o grande erro é negar a realidade e tentar transformar chumbo em ouro. Em vez disso, você deve simplesmente obter um ROIC justo, pagar bons dividendos ou retornar capital e apreciar a criação de valor e riqueza.

Acho que muito mais empresas deveriam pagar dividendos maiores, em vez de assumir riscos enormes tentando crescer além da capacidade de sua estratégia e de sua estrutura setorial. Não se aprume para o fracasso. Pagar dividendos perdeu popularidade anos atrás. Tornou-se um sinal de que a equipe de executivos não tinha imaginação. E foi isso que deu origem à AOL Time Warner e tantos outros planos e negócios de crescimento fadados a destruir valor. O aspecto positivo dos dividendos é que está alinhado com o valor econômico. Não se pode pagar dividendos a menos que se crie valor econômico, e esse é um sinal de que se está realmente fazendo boas escolhas acerca de como competir.

III. ESTRATÉGIA E INOVAÇÃO

Magretta: Os limites setoriais parecem mudar muito rápido atualmente. O setor ainda tem mesmo importância?

Porter: Há duas respostas para sua pergunta, Joan. Uma é meramente empírica. Quando se analisam os dados sobre a lucratividade setorial, eles mostram que as diferenças intersetoriais de lucratividade relativa são bastante duráveis. Se examinarmos os dados de cinco anos, dez anos e até 15 anos, o que observamos é que a classificação dos setores por lucratividade não mudou muito. O setor da aviação comercial está perto do fim da lista há décadas. Já o setor de softwares de TI tem-se mantido próximo do topo. Essas relações são muito estáveis. Em suma, os dados indicam que as diferenças setoriais mudam muito lentamente.

Por outro lado, também sabemos que os setores passam por mudanças estruturais e que existem descontinuidades que às vezes alteram os limites e as estruturas setoriais de modos que impactam a lucratividade. Essas coisas acontecem. Mas são a exceção e não a regra. E ainda que mudanças como essas aconteçam, elas se desenvolvem de maneira relativamente lenta. A internet foi transformadora ao mudar os limites e as estruturas em alguns setores. Contudo, mesmo no espaço virtual, a grande maioria dos setores foi capaz de adotar a internet e seguir adiante. Mesmo nos setores que exigem muita informação, onde o impacto da internet foi profundo, nem os competidores nem a estrutura fundamental mudaram.

A segunda resposta à sua pergunta sobre a importância dos setores é que, mesmo onde os limites setoriais estão mudando, as mesmas ferramentas são utilizadas para analisar o significado da mudança. Logo, as cinco forças ainda importam. Passamos por um período histórico de desregulamentação, globalização e avanços tecnológicos. Alguns limites setoriais desvaneceram ou mudaram. No entanto, isso não mudou o fato de que cada setor possui uma estrutura distinta, e a configuração peculiar das cinco forças condiciona a natureza da competição nesse setor.

Observa-se que uma ou mais forças foram afetadas significativamente por algum fator: por exemplo, uma mudança no lado do comprador ou no lado do fornecedor, alguma descontinuidade nas barreiras de entrada. Assim, as mesmas ferramentas aplicam-se em qualquer dado momento. Se você está tentando entender que tendências vão ser importantes em seu setor, procure observar como elas podem mudar algum aspecto fundamental da estrutura.

As pessoas que acreditam que a estrutura setorial não tem mais importância são provavelmente as mesmas que consideram "revolucionária" cada inovação tecnológica ou gerencial. Entretanto, é preciso cautela, pois os dados simplesmente não sustentam essa visão.

Magretta: O que é uma tecnologia revolucionária? Onde isso se encaixa em seu pensamento acerca da estratégia?

Porter: Essa é uma ideia realmente útil e atraente, porém mal compreendida e usada incorretamente para se referir a qualquer ameaça competitiva. Seria mais proveitoso que os gestores usassem o termo somente para a situação bem menos comum de mudanças reais nas regras do jogo.

Uma tecnologia revolucionária não é qualquer nova tecnologia. Muitas delas não causam rupturas. Nem representam um grande salto tecnológico, pois diversos desses saltos não são disruptivos. Uma tecnologia revolucionária é aquela que invalida as configurações da cadeia de valor e as configurações do produto de modo a permitir que uma empresa salte na frente de outras e/ou torne difícil que os estabelecidos se equiparem ou reajam por causa dos ativos que já possuem. Portanto, a tecnologia revolucionária é aquela que invalida vantagens competitivas importantes.

A internet ilustra um caso clássico. Foi disruptiva onde o mecanismo para entrega de informações era fundamental para o bem ou serviço; onde o negócio, em essência, era o mecanismo de entrega. Por exemplo, para os agentes de viagem ou as gravadoras de música. Entretanto, em outros casos, a internet não causou ruptura, pois era meramente mais um canal de comunicação com clientes ou fornecedores. Nesses casos, as empresas estabelecidas que detinham os melhores conjuntos de produtos e marcas foram simplesmente capazes de incorporar a nova tecnologia. Não era incompatível nem inconsistente com nada que estavam fazendo.

Duas perguntas lhe dirão se você está lidando com uma tecnologia revolucionária ou não. A primeira é: até que ponto ela invalida vantagens tradicionais importantes? Segunda: até que ponto os estabelecidos adotam a tecnologia sem consequências negativas importantes para seus negócios? Se você formular essas questões, verá que as verdadeiras rupturas não são muito comuns. Por exemplo, se analisássemos as centenas de setores que constituem a economia, no período de uma década, eu estimaria que menos de 5% a 10% seria afetado por uma tecnologia disruptiva.

Dito isso, os gestores deveriam tomar cuidado com mudanças potencialmente revolucionárias. A recomendação que recebem tende a enfocar apenas uma forma de ruptura: uma tecnologia mais simples e menos onerosa é aprimorada e fica boa o suficiente para atender a uma necessidade que está sendo atendida por uma tecnologia mais complexa e custosa. Assim, a maioria dos gestores procura a ameaça que vem de baixo, de alguma novata que desprezaram como sendo irrelevante para seu negócio. Apenas para descobrir, em assombro, que para vários clientes a novata é boa o suficiente. Utilizando os termos de minha proposição de valor, as necessidades dos clientes estavam sendo atendidas de modo excessivo pela "antiga" tecnologia. A nova as atende bastante bem, a um preço justo. A ruptura que vem de baixo exemplifica uma estratégia de foco. Se você focar os clientes que não precisam de todos os penduricalhos especiais, poderá estabelecer uma posição fortificada. Um focalizador, com uma tecnologia revolucionária, pode ingressar em seu setor e, no final das contas, crescer para ocupar uma posição importante. Essa é a história da Southwest Airlines.

No entanto, outras formas disruptivas desempenham um papel relevante na estratégia. A ameaça pode vir de cima. Você pode ter uma tecnologia avançada ou uma abordagem mais rica que opera em um nível superior, mas que pode ser simplificada para satisfazer necessidades menos sofisticadas com um custo muito menor. Não há comprovação sobre qual forma é a predominante, mas ambas existem. A tecnologia revolucionária é convincente como metáfora, mas os gestores precisam ser rigorosos a respeito do que está criando a ruptura. Como ela afeta a cadeia de valor? O preço relativo? O custo relativo? Os fundamentos da estratégia definitivamente se aplicam aqui.

> A tecnologia disruptiva é convincente como metáfora, mas os gestores precisam ser rigorosos a respeito do que está criando a ruptura.

Magretta: O termo "modelo de negócio" chama muita atenção na mídia especializada, especialmente no contexto dos novos negócios inovadores. Um modelo de negócio é a mesma coisa que uma estratégia?

Porter: O termo "modelo de negócio" é amplamente utilizado, mas não tem definição precisa. Portanto, assim como a palavra "estratégia", infelizmente ele pode significar muitas coisas diferentes para pessoas diferentes. No entanto, eis onde penso que o conceito pode ser útil. Se você estiver começando um novo negócio e não tiver certeza se ou como vai funcionar, o conceito do modelo de negócio permitirá focalizar as perguntas mais básicas: como vamos ganhar dinheiro? Quais serão nossos custos? De onde virá nossa receita? Como esse negócio pode ser lucrativo? Há diversas maneiras de obter receita e diversas maneiras de gerenciar custos, e as lentes do modelo de negócio podem ajudar a explorá-las.

Mas o modelo de negócio não contribui para o desenvolvimento ou a avaliação da vantagem competitiva, que é aquilo que a estratégia visa. A estratégia vai além da pergunta de viabilidade básica: *podemos ganhar dinheiro?* A estratégia formula uma pergunta mais complicada: como podemos ganhar *mais* dinheiro do que nossos concorrentes, como podemos gerar retornos *superiores* e, então, *como podemos sustentar essa vantagem ao longo do tempo?* Um modelo de negócio destaca a relação entre *suas* receitas e *seus* custos. A estratégia dá um importante passo adicional. Ela analisa os preços *relativos* e os custos *relativos*, e sua sustentabilidade. Isto é, como suas receitas e seus custos se comparam com os da concorrência. E, a seguir, vinculam esses fatores às atividades em sua cadeia de valor e, em última instância, a sua demonstração de resultados e seu balanço patrimonial.

Em suma, o modelo de negócio serve melhor como a etapa mais básica da análise de viabilidade de uma empresa. Se você se contenta em ser simplesmente viável, pare aí. Se quiser alcançar uma lucratividade superior (ou evitar uma lucratividade inferior) e permanecer viável, então a estratégia – como eu a defino – poderá levá-lo para o nível seguinte.

> O modelo de negócio é a etapa mais básica da análise de viabilidade de uma empresa. Se você se contenta em ser simplesmente viável, pare aí. Se quiser alcançar uma lucratividade superior, então a estratégia – como eu a defino – poderá levá-lo para o nível seguinte.

Magretta: Como se faz uma análise das cinco forças no caso de um empreendedor começando um novo negócio, em um setor de mercado completamente novo? A estratégia continua sendo relevante quando não há nenhum setor existente ou quando as condições ainda são tão fluidas que não há estrutura setorial discernível nem competidores diretos?

Porter: A estratégia é relevante para qualquer organização, em qualquer ponto de sua trajetória. Como desenvolver e sustentar uma vantagem competitiva é a pergunta básica a que todas elas devem responder, se quiserem ser bem-sucedidas e prosperar. Nos setores emergentes, há muita experimentação. Qual será a aparência final do produto? Como será o sistema de distribuição? O escopo do bem ou serviço produzirá um setor independente, ou essa nova ideia se tornará parte de um setor maior ou já existente?

Há mais incerteza sobre a forma das coisas, mas o exercício das cinco forças é basicamente o mesmo, com uma grande exceção: em vez de analisar o que já existe, faz-se uma previsão. Além disso, provavelmente se conhecem bem todas as cinco forças, exceto uma. Você conhece o público-alvo. Eles tendem a ser sensíveis ao preço? Você sabe quem são, ou provavelmente serão, seus fornecedores. Que poder eles virão a ter? Você conhece os substitutos e consegue identificar as prováveis barreiras de entrada. O que ainda não se tem são concorrentes reais. Aí entra a reflexão de quem eles poderiam ser. É mais provável que venham dos setores adjacentes? Ou de empresas que já existem em outros países? Ou provavelmente serão *start-ups*? Como cada um desses concorrentes tenderá a competir? Assim, mesmo quando você está criando um novo setor de mercado, provavelmente já sabe mais acerca das cinco forças do que percebe.

Fazer essa análise é importante, pois, se você estiver criando algo que é verdadeiramente valioso, não se iluda que ninguém o seguirá. Não existe mercado onde a competição seja irrelevante, por mais interessante que isso possa parecer. A ideia de que a inovação permite ignorar a competição é um conto de fadas. Portanto, é preciso formular uma hipótese de qual forma o setor poderá tomar, assim que o setor for estabelecido.

Inicialmente, há diversos caminhos que a evolução pode seguir, muitas escolhas possíveis que terão impacto importante na atratividade do setor. As decisões que você e outros devem tomar ao longo do tempo começarão a se ater aos fundamentos econômicos básicos, deixando a estrutura do setor menos fluida. Por isso, é fundamental enxergar os distintos caminhos pelos quais o setor pode evoluir e formular as perguntas básicas a respeito das cinco forças, para que se possa fazer escolhas que colocarão o setor no melhor rumo possível.

IV. CASOS ESPECIAIS: SETORES POUCO ATRATIVOS, PAÍSES EM DESENVOLVIMENTO, ORGANIZAÇÕES SEM FINS LUCRATIVOS

Magretta: E se o setor não é atraente? Você se mantém fiel às cinco forças ou pode reformulá-las em seu favor?

Porter: A estrutura de qualquer setor é decisivamente influenciada por alguns fundamentos econômicos. O que realmente acaba com os lucros no setor de aviação comercial é a combinação bastante incomum de barreiras de entrada baixas com barreiras de saída altas. Trata-se de uma configuração de forças muito rara. Em outras palavras, não é muito difícil começar uma nova companhia aérea, mas, se a empresa sair do negócio, os aviões não vão simplesmente desaparecer. Aeronaves são o que denominamos ativos fungíveis, isto é, podem ser usadas por qualquer transportadora, em praticamente qualquer rota, a qualquer momento. Assim, um avião pode mudar de dono, mas a capacidade instalada nunca abandona o mercado até o equipamento literalmente se desintegrar. Quando se administra uma companhia aérea, uma vez adquiridos os aviões, contratado o pessoal e definida a programação de voos, então os custos fixos serão enormes e os custos variáveis, baixos. Portanto, há uma pressão enorme para lotar o avião, e uma pressão por descontos para que isso ocorra.

Esses elementos definem os fundamentos econômicos do setor e repercutem na estrutura setorial. Se aviões maiores tiverem custos operacionais inferiores por passageiro, isso pressionará o setor na direção de aviões maiores. Isso é um fundamento econômico. Às vezes, esses fundamentos mudam. Imagine se alguém inventar um tipo diferente de motor de aviação que mude os fundamentos econômicos, que alguém reduza a desvantagem de operar aeronaves de pequeno porte. Isso afrouxaria as restrições econômicas. É o que acontece quando se dispõe de uma nova tecnologia que subverte os fundamentos econômicos.

No entanto, certos aspectos da estrutura setorial resultam de escolhas que os líderes do setor fazem e que conduzem os demais por um caminho ou outro. Não havia nada predeterminado nas companhias aéreas que requeresse que o setor adotasse o *yield management* (maximização de receitas), definindo preços diferentes para o mesmo assento de um voo em função do horário de compra da passagem. Deve ter parecido um modo inteligente de ocupar os assentos, mas, na verdade, foi um desastre para o setor, criando uma competição permanente por preços que devastou sua lucratividade. Os clientes foram treinados a comprar pelo menor preço. Sites de viagem surgiram para ajudá-los a fazer exatamente isso. O setor criou um monstro devorador de lucros. A maximização de receitas era uma alternativa, não um resultado inevitável dos fundamentos econômicos do setor. Assim, deve-se separar os aspectos verdadeiramente inerentes à estrutura setorial daqueles que resultam de escolhas feitas, aquelas que podem ser modificadas pela liderança.

E, preste atenção, pois esse é um ponto sutil: tentar mudar a estrutura do setor implica levar todo o setor para determinada direção.

Tentar conquistar vantagem competitiva implica esforçar-se para ser único. Tentar mudar a estrutura setorial implica querer que todos os demais sigam nessa linha.

Vejamos como a Sysco transformou o setor de distribuição de alimentos. Era um setor com clientes fragmentados e fornecedores poderosos, geralmente grandes indústrias alimentícias de marcas conhecidas. As barreiras de entrada eram baixas. Historicamente, a rivalidade concentrava-se em preço, pois basicamente os distribuidores lidavam com os mesmos produtos. Trata-se de uma estrutura perversa. Mas alguns líderes setoriais – como a Sysco – queriam um tipo distinto de competição. Começaram criando uma marca própria para mitigar o poder dos fornecedores. Aumentaram os investimentos em TI, o que serviu como barreira de entrada para os pequenos distribuidores, que não seriam capazes de arcar com esses investimentos. Passaram a prestar serviços de valor agregado para seus clientes, como planejamento de cardápio e nutrição ou gestão e financiamento de estoque. Isso transferiu a competição para outras dimensões além de preço. E, nesse caso, a imitação surtiu um efeito positivo. À medida que outras empresas seguiram a liderança da Sysco, o setor tornou-se mais atraente.

Magretta: A estratégia é importante para as empresas que atuam nas economias em desenvolvimento? Os mesmos fundamentos estratégicos se aplicam?
Porter: Geralmente, as empresas de economias em desenvolvimento possuem fatores de custos menores, como a mão de obra, e isso talvez lhes permita competir por algum tempo com concorrentes de fora do país, mesmo que estejam defasadas em eficácia operacional e seus produtos não sejam diferenciados. Mas as vantagens de fatores de custo tendem a diminuir ao longo do tempo e, mais cedo ou mais tarde, as empresas dos países em desenvolvimento precisarão lidar com esses dois problemas.

Primeiro, elas têm de preencher a lacuna da eficácia operacional. Precisam superar déficits nos níveis de qualificação da força de trabalho, em tecnologia e nas capacidades de gestão. Quando as empresas enfrentam um ambiente de negócios repleto de obstáculos, tais como infraestrutura física insatisfatória e regulamentações complexas, é um desafio alcançar padrões de nível internacional de eficácia operacional e melhorar o desempenho em custo e qualidade.

Segundo, elas devem começar a desenvolver estratégias reais. Com o tempo, essas empresas terão de competir com as multinacionais, sendo muito improvável que um negócio local conquiste seu espaço contando apenas com a eficácia operacional. Essa é uma lição que a Pollo Campero, da Guatemala, levou a sério. Ela compete com sucesso no mercado de *fast-food* na América Central contra gigantes como McDonald's, Burger King e Pizza Hut. Fez isso adaptando sua proposição de valor e sua cadeia de valor para atender às necessidades específicas da região. Também adotou o passo seguinte, expandindo-se para atender a essas mesmas necessidades no crescente mercado latino dos Estados Unidos.

Mais cedo ou mais tarde, as empresas nas economias em desenvolvimento devem deixar de ser tão reativas e oportunistas e passar a ser mais estratégicas, focando a construção de uma posição única ou desenvolvendo algo diferenciado no mercado. Isso significa mudar o foco, para não depender somente da vantagem de custo, e pensar em termos de valor, idealmente de um valor singular no mercado.

Além disso, o escopo geográfico é um problema sério. Para citar apenas um exemplo, dados da Turquia mostram que as empresas lá ainda são muito domésticas, focadas demais em seu próprio mercado, ainda que ele esteja em crescimento. O futuro é ser internacional, o que muitas vezes começa pela análise da região. Com frequência, isso representa uma imensa oportunidade, a que as empresas locais podem estar singularmente posicionadas para atender.

Um dos problemas que vejo nas economias em desenvolvimento e emergentes é que elas tendem a ficar muito focadas na Europa e nos Estados Unidos, deixando de enxergar a oportunidade de vender no âmbito de suas regiões, muitas vezes porque isso não era possível no passado. As regiões eram fechadas e cada país, protegido, fazendo com que o único destino possível das exportações fossem as economias avançadas. Mas isso está mudando. Hoje em dia, há uma oportunidade histórica real para empresas nas economias emergentes e em desenvolvimento de renda média começarem a se internacionalizar. Visto que elas conseguem penetrar nos mercados regionais, não têm de se restringir aos mercados avançados.

Outro problema que vejo é que as empresas tendem a ser muito diversificadas. Elas ainda competem em vários negócios que diferem muito entre si. É importante identificar o momento de abandonar esse modelo e adotar um foco maior em grupos de negócios, onde se pode reunir negócios capazes de alavancar uns aos outros e, assim, aumentar a vantagem competitiva e tornar a posição ocupada mais específica. Essa é uma transição importante para empresas em economias emergentes, se elas esperam, no final das contas, alcançar seu pleno potencial. O que precisa mudar não é a qualidade das pessoas, mas a mentalidade delas, a abordagem de como desenvolver uma empresa, isto é, a estratégia.

> Fazer *trade-offs* costuma ser mais difícil para os gestores de organização sem fins lucrativos.

Magretta: As organizações sem fins lucrativos precisam de estratégia? Essas organizações focam muito a arrecadação de dinheiro, suas missões e o atendimento ao cliente. Mas não dedicam muito tempo à estratégia. Elas deveriam? O que é estratégia para uma organização sem fins lucrativos?

Porter: A estratégia é necessária para qualquer tipo de organização que atenda clientes ou satisfaça necessidades. Uma estratégia eficaz para qualquer uma delas começa com a definição dos objetivos apropriados. O objetivo fundamental de um negócio é um retorno sobre o investimento que seja superior no longo prazo. O desempenho em relação a esse objetivo revela se a empresa está criando valor ou não. Para uma organização sem fins lucrativos, não há métrica diretamente comparável; assim, é preciso criar uma. Um desafio importante nesse caso é definir o objetivo, ou os objetivos, no tocante aos benefícios sociais que pretende criar. E, então, deve-se desenvolver uma métrica de valor que leve em consideração os resultados alcançados em contraste com os custos requeridos para alcançá-los.

Assim que uma organização sem fins lucrativos identifica claramente o que pretende fazer, todos os outros princípios de estratégia vão se aplicar. Que "cliente" ela atende? Qual é o valor único a entregar? A que necessidades atender? Como a cadeia de valor é customizada para melhor satisfazer essas necessidades? Há *trade-offs* com abordagens alternativas? Sabe-se o que a organização não fará?

Fazer *trade-offs* costuma ser mais difícil para os gestores de organização sem fins lucrativos. Sem métricas de valor claras para servir como um guia, é fácil ver quase tudo que se faz como uma contribuição para o "bem". Visto que o financiador muitas vezes não é o cliente, isso pode levar a um desalinhamento entre o financiamento e o valor. Os negócios que são pagos pelos clientes por aquilo que fornecem ancoram-se intensamente no valor. As organizações sem fins lucrativos carecem desse tipo de âncora. Na realidade, os financiadores são às vezes a principal fonte de perturbação. As organizações estão propensas a modificar a orientação de sua missão, quando seus financiadores se mostram mais dispostos a apoiar novos programas e iniciativas do que prover recursos operacionais para escalonar o que já se faz. Trata-se de um desafio estratégico comum enfrentado por diversas organizações sem fins lucrativos.

V. CONDUZINDO A ORGANIZAÇÃO

Magretta: Qual sua recomendação para o processo de planejamento estratégico?

Porter: Sempre me perguntam se existe diferença entre pensamento estratégico e planejamento estratégico. Minha resposta é que o planejamento estratégico dever ser um processo para concretizar o pensamento estratégico, mas frequentemente se torna um ritual demorado que, na realidade, não apoia em nada o pensamento estratégico.

> Frequentemente, o planejamento estratégico torna-se um ritual demorado que, na realidade, não apoia em nada o pensamento estratégico.

Penso que há alguns fatores-chave para o planejamento estratégico bem-sucedido. Um deles é reunir toda a equipe responsável por um negócio específico para que elaborem o planejamento em conjunto. Não se pode dividir o trabalho e, então, tentar juntá-lo no fim. A estratégia trata da iniciativa como um todo, não de peças individuais. Esse é um princípio fundamental da estratégia eficaz. Não existe isso de uma boa estratégia de marketing. Há, sim, uma boa estratégia de marketing no contexto da estratégia geral. O risco de colocar as pessoas às voltas com seus próprios planos funcionais é o de acabar com uma série de "melhores práticas" desconexas, e não com uma estratégia coerente. Eis porque um plano estratégico precisa envolver toda a equipe gerencial trabalhando em conjunto, para refletir sobre o setor, os competidores, as oportunidades, a cadeia de valor e, então, em última instância, fazer escolhas acerca de posicionamento e direção. Em seguida, a equipe deve desenvolver as implicações referentes à ação.

Acredito que seja útil ter um processo formal de planejamento estratégico, pois as pressões diárias do negócio repelem a estratégia. Precisa ser um processo uma vez a cada ano ou dois, com revisões trimestrais. No entanto, não se pode deixar que seja simplesmente uma questão de orçamento e suposições acerca da taxa de crescimento do próximo ano. O planejamento pressupõe apoiar o pensamento, em vez de rechaçá-lo.

Magretta: Como conseguir que todas as pessoas da organização tenham o mesmo entendimento?
Porter: Comunicar a estratégia é realmente importante. A estratégia será inútil, se for secreta, se ninguém na organização souber de que se trata. O propósito da estratégia é alinhar o comportamento de todas as pessoas da organização e ajudá-las a realizar boas escolhas quando estão fazendo seu trabalho. Essas escolhas acontecem todos os dias: quando o vendedor

decide para quem telefonar e que abordagem de vendas vai usar, quando o pessoal de desenvolvimento de produtos avalia que tipo de novas ideias levar em consideração. Todos os dias, as pessoas fazem escolhas. Você quer que elas façam as escolhas que se ajustam à estratégia. Então, você tem de comunicá-la.

Como fazer essa comunicação? Bem, deve-se achar um modo de explicar a estratégia que seja conciso e fácil de lembrar. Líderes realmente hábeis cristalizam a proposição de valor em algo relativamente simples. E, então, ajudam cada unidade da organização a traduzir o que isso significa para sua atividade. Bons líderes são professores de estratégia, no sentido de que ensinam essa matéria o tempo todo. Proferem diversas pequenas palestras sobre estratégia. Começam toda reunião com a vigésima quinta repetição da essência da proposição de valor. Só então prosseguem com o objetivo da reunião. Os diálogos com os funcionários sempre começam com: O que representamos como empresa? O que nos torna diferenciados? Por que somos únicos? E por aí afora. Você deve constantemente repetir o mesmo discurso e estimular seus colaboradores diretos a também fazer isso para as organizações deles. Se você for o gerente geral, será importante participar de algumas reuniões onde seus colaboradores diretos tentam explicar a estratégia e verificar como eles fazem isso, apenas para se certificar de que as pessoas realmente a entendem.

Conheci muitas organizações onde a compreensão da estratégia e a concordância a respeito dela são superficiais. As pessoas podem concordar com ela em termos gerais, mas quando você se aprofunda nos detalhes percebe que elas, na realidade, não a entendem nem aceitam. Atuam com objetivos mutuamente conflitantes. Então, é preciso criar uma oportunidade para realmente entender o modo como as pessoas pensam e confrontar os problemas.

Também acredito que você deve comunicar a estratégia para clientes, fornecedores, canais de distribuição e mercados financeiros. É preciso ajudar os mercados financeiros a compreender como sua empresa vai ser superior e que métricas eles devem utilizar para observar, em primeiro lugar, como ela é superior e como está progredindo na estratégia. Não suponha que os analistas financeiros equacionarão isso. É você que tem de explicar isso a eles.

Se o competidor ficar sabendo que você divulga sua estratégia, tanto melhor. Pois, se há uma estratégia clara, com *trade-offs* e escolhas, quanto mais o concorrente souber que você está comprometido com ela, mais provavelmente ele se dedicará a outra coisa, para evitar uma competição de igual para igual que não será capaz de vencer. Em última análise, acho que uma comunicação ampla é a única maneira de fazer isso. Por outro lado, você não precisa revelar que máquina vai comprar ou quando vai lançar um produto e, assim, fornecer detalhes que podem servir de munição para a concorrência dificultar sua vida. Mas a direção básica que você vai seguir é outra coisa. Isso se tornará público de qualquer jeito, portanto, é preferível que ela seja comunicada claramente por você mesmo, com suas próprias palavras.

Por fim, se houver pessoas que não aceitam a estratégia, que simplesmente se recusam a embarcar nela, elas não poderão ter função ativa na empresa. É um modo polido de dizer que elas devem ser demitidas. Não se pode discutir a estratégia internamente por muito tempo. Simplesmente isso não é possível. Já é muito difícil implementá-la com uma equipe gerencial receptiva. Observei muitos casos em que os executivos mantiveram os dissidentes no limbo. A energia negativa resultante disso, a confusão e o desperdício de tempo realmente prejudicam a estratégia. É saudável que as pessoas discordem e que os gestores tenham a chance de justificar suas posições e mudar de ideia, mas chega um momento em que a discussão tem de terminar. Não se trata de democracia, consenso ou contentar a todos. Fundamentalmente, trata-se de escolher uma direção e deixar todos entusiasmados com ela.

GLOSSÁRIO DE PORTER:
CONCEITOS-CHAVE

Ajuste: quando o valor ou custo de uma atividade é afetado pela maneira como as outras atividades são executadas. Um dos cinco testes básicos de uma estratégia específica, o ajuste pode amplificar o valor de uma vantagem competitiva por meio da redução dos custos ou da produção de valor único que aumente a disposição do cliente em pagar. Também amplifica a sustentabilidade de uma estratégia, tornando mais difícil para os concorrentes entender e copiar o sistema complexo de atividades da estratégia.

Análise do competidor: coleta e análise de informações com o propósito de ajudar uma empresa a lidar com a dinâmica competitiva mediante a avaliação das intenções e competências da concorrência.[1]

Análise SWOT: uma ferramenta simples e muito utilizada, que foi desenvolvida na década de 1960 para organizar as discussões em reuniões de planejamento estratégico. Os gestores são solicitados a listar as forças, fraquezas, oportunidades e ameaças (SWOT, na sigla em inglês). O modelo SWOT tenta relacionar a empresa ao ambiente, mas normalmente fica aquém das expectativas no tocante a análise e objetividade. Tal modelo antecede os *insights* resultantes do trabalho de Porter.

Atividades: processos econômicos distintos, tais como administrar uma equipe de vendas, desenvolver produtos ou fazer entrega física para o cliente. De modo geral, uma atividade envolve pessoas, tecnologia, ativos fixos, às vezes capital de giro e diversos tipos de informação. As atividades que as empresas executam são as unidades básicas da vantagem competitiva, pois são a fonte derradeira tanto dos custos relativos quanto dos níveis de diferenciação que uma empresa pode oferecer a seus clientes.

Barreiras contra a imitação: os obstáculos que se impõem ao concorrente de um setor que tenta se mover de um posicionamento para outro a fim de copiar a estratégia de outra empresa. As barreiras contra a imitação retardam o processo de convergência competitiva.

Barreiras de entrada: os obstáculos que um novo entrante teria de superar para ingressar em um setor. Barreiras de entrada baixas (isto é, setores fáceis de penetrar) diminuem a lucratividade média do setor. A ameaça de novos entrantes é uma das cinco forças.

Cadeia de valor sob medida: Porter utiliza a palavra "sob medida" para referir-se a atividades que são projetadas especificamente para entregar certa proposição de valor. Uma atividade sob medida é o oposto de outra genérica. Ter uma cadeia de valor sob medida é o segundo teste de Porter para uma boa estratégia.

Cadeia de valor: o conjunto de todas as atividades distintas que uma empresa realiza na criação, produção, comercialização e entrega de um bem ou serviço. É a ferramenta básica para entender a vantagem competitiva, pois todos os custos originam-se das atividades da cadeia de valor, e toda a diferenciação é criada por elas.

Cinco forças: a estrutura seminal de Porter para avaliar a competição em qualquer setor pela análise da estrutura setorial. Essa estrutura explica as grandes e sustentáveis diferenças de lucratividade de um setor para outro. A análise das cinco forças é a primeira etapa na reflexão sobre a estratégia, sobre como mudar as forças a seu favor e sobre onde se pode estabelecer um posicionamento único.[2]

Clusters: concentrações geográficas de empresas, fornecedores, setores afins e instituições especializadas, como os programas acadêmicos – por exemplo, pense em Hollywood (entretenimento), Vale do Silício (tecnologia) ou Seurat, na Índia (lapidação de diamantes). Os *clusters* desempenham um papel importante na competição porque a produtividade de uma empresa é influenciada pela presença de empresas, instituições e infraestruturas afins em torno dela. Por exemplo, com fornecedores locais eficazes de serviços em que a agilidade é fundamental, uma empresa também será mais eficiente. Os *clusters* valem-se de ativos e instituições locais, tais como educação pública, infraestrutura física, água limpa, leis justas de competição, padrões de qualidade e transparência. São recursos importantes de todas as economias bem-sucedidas e em crescimento, além de uma força decisiva de impulsão da competitividade, do empreendedorismo e da expansão de novos negócios.[3]

Competição de soma zero: uma forma de rivalidade em que um só ganha, se outro perder, mesmo que o "outro" seja seu cliente ou fornecedor. Tomemos como exemplo a descrição de Porter sobre a competição no sistema de saúde norte-americano: "Os custos são reduzidos transferindo-os a terceiros. Os médicos são pressionados a melhorar a produtividade restringindo o tempo de atendimento aos pacientes e, por outro lado, ganham fazendo acordos mais vantajosos com os hospitais... Os hospitais ganham se fundindo em grupos para ter mais poder de negociação da tabela de preços... Os planos de saúde ganham restringindo serviços e forçando os médicos a aceitar remuneração mais baixa. Dessa maneira, cada competidor do sistema ganha não aumentando o valor para o paciente, mas tirando o valor de alguém".[4]

Competição estratégica: Porter utiliza esse termo para referir-se à competição de soma positiva, em que as empresas ganham (e alcançam lucratividade superior) ao criar valor único para os clientes. É uma forma de competição de ganho mútuo porque os clientes se beneficiam tanto quanto a empresa.

Competição: o termo costuma ser utilizado em referência a concorrentes e rivalidades, mas, para Porter, essa definição é muito restrita. A competição é uma disputa acirrada por lucros, que ocorre não só entre rivais mas também entre uma empresa e seus clientes, fornecedores, produtores de substitutos e possíveis novos entrantes.

Competitividade (de um país, de um lugar): o termo é geralmente utilizado para descrever uma região ou país com mão de obra de baixo custo ou outra vantagem comparativa convencional, como acesso a um recurso natural valioso. Do ponto de vista de Porter, o foco em insumos de baixo custo, na "vantagem comparativa", é muito menos relevante do que já foi. Porter define a competitividade de um lugar em termos de quão produtivamente seus recursos humanos e naturais, além de seu capital, são usados. A competitividade resulta, em outras palavras, da eficácia com que um lugar *utiliza* os insumos para produzir bens e serviços de valor, e não dos insumos que ele *possui*. Resulta de escolhas, não de dotações. Além disso, Porter sustenta que a produtividade e a prosperidade possíveis em determinado lugar não dependem dos *setores* em que suas empresas competem, mas sim de *como* elas competem. Os formuladores de políticas e os executivos, por meio de suas escolhas, criam um ambiente de negócios que afeta o modo como as empresas competem e, portanto, sua competitividade.[5]

Condicionante de custo: os fatores que influenciam o custo. Ao analisar a posição de custo de uma empresa, examine cada atividade distinta para observar que fatores influenciam o custo daquela atividade.[6]

Continuidade: Porter utiliza o termo para referir-se à estabilidade na proposição de valor básica. É seu quinto teste de uma estratégia eficaz. A estratégia é um caminho, não um destino. Uma empresa pode manter-se no caminho sem ficar parada, uma distinção que é mal compreendida por aqueles que acham que a estratégia é "estática" ou que não permite mudanças. Todos os outros elementos da estratégia – adequação de uma cadeia de valor à proposição de valor, extensão dos *trade-offs*, obtenção do ajuste por todas as atividades – levam tempo para serem desenvolvidos. Sem a continuidade de direção, uma empresa seria incapaz de desenvolver e aprofundar sua vantagem competitiva.

Convergência competitiva: aquilo que acontece quando as empresas imitam e igualam os movimentos umas das outras, quando competem para ser a melhor. Ao longo do tempo, todas as empresas começam a ficar parecidas, pois uma diferença após outra cai por terra. Quando os concorrentes convergem em torno da oferta padronizada de um bem ou serviço, os clientes fazem suas escolhas somente com base no preço. Os fundamentos econômicos convencionais sempre destacaram a maneira pela qual esse tipo de competição "perfeita" beneficia os clientes por meio da redução dos preços. No entanto, Porter enxerga de modo diferente. Na realidade, a convergência pode prejudicar os clientes, pois limita a escolha deles.

Criação de valor: o processo pelo qual as organizações transformam insumos em bens e serviços que valem mais do que a soma desses insumos. É a fonte derradeira de desempenho superior para negócios que existem com o propósito de criar valor econômico e também para organizações sem fins lucrativos que existem para atender a um objetivo social específico com a maior eficiência. A estratégia trata de como qualquer organização criará valor único para os clientes escolhidos.

Custo relativo: o custo por unidade de uma empresa em relação ao dos concorrentes. Uma vantagem de custo relativo pode vir de duas possíveis fontes: realizar melhor as mesmas atividades (competir para ser o melhor, ou eficácia operacional) ou escolher realizar atividades distintas (competir para ser único).

Diferenciação: o termo é mais utilizado simplesmente para significar "diferente". Em marketing, denota como uma oferta de bem ou serviço posiciona-se em relação a outras (isto é, pode oferecer mais qualidade e recursos ou ser vendida a um preço menor). Porter usa o termo de modo mais restrito, referindo-se à capacidade de uma empresa obter um preço relativo maior do que os concorrentes, pois sua oferta aumenta a disposição dos clientes em pagar por ela. Porter prefere essa definição mais restrita e precisa porque acredita que seja essencial não confundir os dois componentes da vantagem competitiva: preço e custo.

Diversificação: a expansão de uma empresa em diferentes negócios. A visão de Porter acerca da diversificação está diretamente ligada à cadeia de valor e suas atividades. Ele observa que, com demasiada frequência, as competências essenciais vagamente definidas fornecem um fundamento lógico para a diversificação que se converte em negócios que são, na realidade, desvinculados. O desafio da diversificação é identificar atividades ou sistemas de atividade que podem ser compartilhados com os novos negócios, ou encontrar negócios onde suas habilidades proprietárias em gerenciar atividades específicas possam ser transferidas. É assim que recursos ou competências de valor podem ser potencializados.[7]

Eficácia operacional: geralmente denominada "melhor prática" ou "execução" pelos gestores, eficácia operacional é o termo abrangente de Porter para designar a capacidade de uma empresa realizar as mesmas atividades, ou semelhantes, melhor do que os concorrentes. Incluem-se aí diversas práticas que permitem que se obtenha mais dos recursos utilizados. Cada área funcional possui suas melhores práticas vigentes: a melhor maneira de abastecer uma fábrica, a melhor maneira de treinar uma equipe de vendas etc. As diferenças em eficácia operacional são difundidas e podem explicar algumas diferenças na lucratividade relativa. Trata-se de alcançar a excelência na execução. A eficácia operacional é importante para o desempenho, mas difere da estratégia.[8]

Escopo geográfico: para a estratégia, é decisivo traçar os limites geográficos do setor de atuação corretamente. Seu negócio é global, nacional, regional ou local? Diferenças significativas nas cinco forças sugerem que você pode estar lidando com setores distintos. Porter observa que há uma tendência a definir negócios como globais, quando, na realidade, existem diferenças significativas na estrutura setorial de um país ou região para outro, que demandariam estratégias diferentes.[9]

Estagnado no meio do caminho: uma frase de Porter que logo se tornou parte do léxico associado à estratégia, para descrever a armadilha estratégica em que as empresas caem quando se recusam a fazer *trade-offs*, quando tentam ser tudo para todos os clientes. O problema é que, quando se tenta oferecer tipos de valor que são inconsistentes, é inevitável que não se consiga ser tão eficiente ou eficaz quanto um competidor mais focado, que se dispôs a adequar suas atividades para entregar um valor único.

Estratégia corporativa: a estratégia geral de uma corporação que se compõe de negócios diversificados em múltiplos setores; *não* é a mesma coisa que a estratégia competitiva. Visto que a vantagem competitiva é conquistada ou perdida no nível de cada negócio, o objetivo da estratégia corporativa deve ser melhorar a vantagem competitiva de suas múltiplas unidades de negócios. Entretanto, como a corporação está "no topo" das unidades de negócios, e concentra o poder e o controle, muitas vezes essa distinção é perdida na prática. Frequentemente, o carro é colocado na frente dos bois, difamando a "sinergia" corporativa.[10]

Estratégia global, globalização: veja o verbete *Escopo geográfico*.

Estratégia: a palavra costuma ser utilizada em referência a qualquer objetivo ou iniciativa importante, como em "Nossa estratégia é ser o número um em nosso setor" ou "Nossa estratégia é crescer por meio de aquisições". A definição de Porter é: o conjunto de escolhas integradas que definem como uma organização alcançará desempenho superior em face da competição. Não é uma meta (por exemplo, ser o número 1) nem uma ação específica (por exemplo, fazer aquisições). Trata-se do posicionamento escolhido que resultará no cumprimento de um objetivo; as ações são o caminho que se toma para concretizar um posicionamento. Além disso, quando Porter define estratégia, ele está realmente falando acerca do que constitui uma *boa* estratégia, aquela que resultará em um ROIC maior do que a média do setor.

Estratégias genéricas: as caracterizações amplas dos temas fundamentais do posicionamento estratégico. Uma estratégia focada escolhe limitar o escopo dos clientes e as necessidades satisfeitas pela empresa. Uma estratégia de diferenciação permite que a empresa obtenha um sobrepreço, enquanto a liderança de custo possibilita a ela competir por meio da oferta de um preço relativo baixo. A ideia de estratégias genéricas foi um conceito seminal descrito pela primeira vez por Porter em *Estratégia competitiva* (Campus, 2005) e, desde então, tem sido amplamente adotada pelos gestores. Geralmente, as estratégias eficazes integram múltiplos temas de modo único. Você pode ser diferenciado de certas maneiras *e* ter baixo custo, por exemplo, desde que o tipo específico de valor diferenciado não seja inconsistente com baixos custos. Veja o verbete *Estagnado no meio do caminho*.

Estrutura do setor: as características econômicas e tecnológicas básicas, subjacentes de um setor, que moldam a arena competitiva na qual a estratégia deve operar. A análise da estrutura do setor é o ponto de partida para entender o ambiente competitivo e também o lucro potencial do setor. Veja o verbete *Cinco forças*.

Estruturas: o termo utilizado por Porter para fazer distinção entre sua abordagem e os modelos econômicos formais. Estes captam somente os aspectos da competição que podem ser representados e solucionados matematicamente, e isso requer limitar bastante o número de variáveis que podem ser levadas em conta. As estruturas de Porter aceitam que a competição é complexa demais para se prestar à modelagem formal; são mais como sistemas especialistas que ajudam os gestores a analisar as dimensões relevantes da competição.

Execução: veja *eficácia operacional*.

Hipótese de Porter: o nome dado pela comunidade ambiental ao argumento de Porter de que a poluição empresarial é muitas vezes um sinal de desperdício econômico: de recursos utilizados de modo ineficiente, energia desperdiçada ou matérias-primas valiosas descartadas. Então, muitas vezes, melhorar o desempenho ambiental aumenta a produtividade e, em certos casos, até compensa o custo de fazer melhorias. Portanto, as corporações devem enxergar a preocupação ambiental não como uma chateação regulatória, mas como uma parte essencial de melhoria da produtividade e competitividade. Para Porter, uma regulamentação ambiental inteligente estimula a inovação de produtos e processos.[11]

Posicionamento: a escolha de uma proposição de valor feita em relação a um conjunto específico e pertinente de concorrentes setoriais. Identificar uma estratégia eficaz significa descobrir um posicionamento único, o "lugar" onde você quer estar em seu setor.

Preço relativo: o preço por unidade de uma empresa em relação ao dos concorrentes. Uma vantagem de preço relativo resulta da diferenciação que gera valor para o comprador ou, em uma linguagem mais simples, da produção de algo diferenciado pelo qual os clientes estão dispostos a pagar mais.

Proposição de valor: o elemento essencial da estratégia que define o tipo de valor que uma empresa criará para seus clientes. Uma proposição de valor responde a três perguntas: que clientes serão atendidos? Que necessidades serão satisfeitas? Que preço relativo será cobrado? Uma proposição de valor única é o primeiro teste de uma boa estratégia.

Retorno sobre o capital investido (ROIC): um indicador financeiro que pondera os lucros que um negócio gera em contraste com o capital investido nele. Para Porter, essa é a melhor métrica financeira do sucesso, pois capta a eficiência com que uma empresa utiliza seus recursos para gerar valor econômico.

Sistema de valor: o conjunto completo de atividades envolvidas, de ponta a ponta, na criação de valor para o usuário final. A cadeia de valor de uma empresa é, de modo geral, apenas uma parte de um sistema de valor mais abrangente que inclui empresas a montante (fornecedores) ou a jusante (canais de distribuição), ou ambos os casos. Essa perspectiva de como o valor é criado força a análise de cada atividade no processo, independentemente de quem as executa. Também induz a enxergar cada atividade não somente como um *custo*, mas como uma etapa que tem de agregar algum incremento de valor ao bem ou serviço acabado. Então, ao refletir sobre uma cadeia de valor, é importante observar como as atividades de uma organização possuem pontos de conexão com as atividades de fornecedores, canais de distribuição e clientes.

Substituto: um produto de outra categoria que um cliente pode escolher para satisfazer a mesma necessidade atendida por seu produto. Para desalento dos fabricantes de relógios tradicionais, os celulares estão se tornando um substituto dos relógios de pulso, especialmente para a geração mais jovem. A ameaça representada pelos substitutos é uma das cinco forças.

Teoria do diamante: uma estrutura importante de Porter (não abordada neste livro) que explica por que alguns países e regiões alcançam maior sucesso econômico em determinado setor do que outros. A *vantagem comparativa* atribui o sucesso de uma região à mão de obra de baixo custo ou ao acesso a um recurso natural valioso. Em contraste, Porter destaca o papel da *vantagem competitiva*, alcançada por meio de maior produtividade e inovação. Estas surgem, de acordo com a teoria do diamante, onde o ambiente local é mais progressivo, dinâmico e desafiador.[12]

Terceirização: a decisão de adquirir de um fornecedor terceirizado uma atividade que sua organização costumava realizar internamente. Diz o senso comum que se deve conservar as atividades que são "essenciais" e terceirizar o restante. Porter oferece uma forma distinta de enquadrar a decisão, ligando-a diretamente aos fundamentos econômicos da vantagem competitiva: conservar as funções que são ou podem ser adaptadas a sua estratégia e terceirizar aquelas que são verdadeiramente genéricas, para as quais pouca adequação é possível ou pertinente para a estratégia.

Trade-offs: ocorrem quando as empresas têm de fazer escolhas entre posicionamentos estratégicos que são inconsistentes. Esses tipos de escolha originam diferenças de custo e valor entre os concorrentes, e, portanto, os *trade-offs* são o elemento econômico decisivo da estratégia. Um dos cinco testes de uma estratégia eficaz, os *trade-offs* contribuem para as diferenças de custo e preço que constituem a vantagem competitiva. Também tornam difícil aos rivais que fizeram escolhas distintas copiar o que outra empresa faz sem prejudicar as próprias estratégias. Portanto, os *trade-offs* tornam a vantagem competitiva sustentável, dissuadindo a imitação pelos demais concorrentes no mercado.

Valor relativo para o comprador: quanto o cliente está disposto a pagar por um bem ou serviço em contraste com outras ofertas disponíveis.

Vantagem competitiva: o termo costuma ser utilizado para significar "Eis o que achamos que fazemos bem", como em "Nossa vantagem competitiva é a tecnologia". Ou é usado de forma ainda mais vaga, como em "Nossa vantagem competitiva está em nossos funcionários". A definição de Porter é estreitamente associada aos fundamentos econômicos da competição: uma empresa terá vantagem competitiva, se sua lucratividade for sustentavelmente maior do que a de seus concorrentes. Então, pode-se aprofundar a análise para entender se a vantagem é resultado de preços maiores, custos menores ou alguma combinação de ambos. Essas diferenças de preço relativo ou custo relativo surgem por causa das *diferenças nas atividades* em execução.

NOTAS

1 Para obter mais detalhes sobre esse tópico, veja a obra seminal de Porter no capítulo 3 de *Estratégia competitiva* (Campus, 2005).
2 Sobre a estrutura e uma aplicação abrangente dela, veja os capítulos sobre as cinco forças competitivas que modelam a estratégia e sobre estratégia e internet, em *Competição* (Campus, 2009 [*On Competition*, 2008]), de Porter.
3 Para obter mais informações sobre esse tópico, veja o capítulo sobre clusters e competição, em *Competição* (Campus, 2009), de Porter.
4 Veja Porter e E. Teisberg, "How Physicians Can Change the Future of Health Care", *JAMA* 297, n. 10, 2007.
5 Para obter mais detalhes sobre esse tópico, veja o capítulo sobre a vantagem competitiva das nações, em *Competição* (Campus, 2009).
6 O livro *Vantagem competitiva* (Campus, 1990) possui um extenso capítulo sobre esse importante assunto.
7 Para obter mais informações sobre esse tópico, veja o capítulo sobre vantagem competitiva e estratégia corporativa, em *Competição* (Campus, 2009), de Porter.
8 Para obter mais informações sobre esse tópico, veja o capítulo sobre o que é estratégia, em *Competição* (Campus, 2009), de Porter.

9 Veja o capítulo sobre competição em várias localidades, em *Competição* (Campus, 2009).
10 Para obter mais detalhes sobre esse tópico, veja o capítulo sobre vantagem competitiva e vantagem corporativa, em *Competição* (Campus, 2009), de Porter.
11 Veja o artigo de Porter (com Claas van der Linde) sobre ambientalismo e competitividade, em *Competição* (Campus, 2009).
12 Veja *A vantagem competitiva das nações* (Campus, 1993).

NOTAS E FONTES DOS CAPÍTULOS

Para ter acesso a uma bibliografia abrangente da obra de Porter, incluindo apresentações e entrevistas, consulte o site do Institute for Strategy and Competitiveness: <http://isc.hbs.edu>. Para ajudar os leitores a buscar tópicos de interesse específico, fiz referência no glossário a algumas obras publicadas de Porter.

INTRODUÇÃO

Porter descreveu o divisor intelectual que ele confrontou na década de 1970 em uma conversa particular comigo no outono de 2010. Suas reflexões sobre as origens de suas estruturas aparecem em M. E. Porter, N. Argyres e A. M. McGahan, "An Interview with Michael Porter", *Academy of Management Executive* 16, n. 2, 2002, p. 43-52.

CAPÍTULO 1 – COMPETIÇÃO: A MENTALIDADE CORRETA

O exemplo dos assentos em aeroportos foi sugerido por Daniel Michaels, "Hot Seat: Airport Furniture Designers Battle for Glory", *Wall Street Journal*, 17 de maio de 2010. As guerras das camas de hotel foram relatadas por Christopher Elliott, "Détente in the Hotel Bed Wars", *New York Times*, 31 de janeiro de 2006. Veja também Youngme Moon, "The Hotel Bed Wars", Case 9-509-059 (Boston: Harvard Business School, 2009).

CAPÍTULO 2 - AS CINCO FORÇAS: COMPETINDO POR LUCROS

Este capítulo utiliza e cita o artigo "The Five Competitive Forces That Shape Strategy", de Michael Porter, reeditado em *On Competition, Updated and Expanded Edition* (Boston: Harvard Business School Publishing, 2008).

A história do poder de mercado na indústria do cimento vem de Peter Fritsch, "Hard Profits: A Cement Titan in Mexico Thrives by Selling to Poor", *Wall Street Journal*, 22 de abril de 2002. Veja também Pankaj Ghemawat, "The Globalization of CEMEX", Case 9-701-017 (Boston: Harvard Business School, 2004).

As normas trabalhistas de "recebimento e despacho" são descritas por Micheline Maynard, "More Than Money Is at Stake in Votes by Airline Unions", *New York Times*, 29 de abril de 2003.

Para obter o exemplo de uma análise muito meticulosa e rigorosa das cinco forças, veja o *post* no site do ISC que aborda o setor da aviação comercial, em <http://www.isc.hbs.edu/pdf/IATA_Vision_2050_Chapter_1.pdf>. Para obter suporte na análise de seu próprio setor, veja Jan Rivkin e Ann Cullen, "Finding Information for Industry Analysis", Note 9-708-481 (Boston: Harvard Business School, 2010).

CAPÍTULO 3 - VANTAGEM COMPETITIVA: A CADEIA DE VALOR E SEUS RESULTADOS FINANCEIROS

A citação de Kelleher a respeito de lucros vem de Kevin e Jackie Freiberg, *Nuts! Southwest Airlines' Crazy Recipe for Business and Personal Success* (Austin, TX: Bard Press, 1996, p. 49). É um relato envolvente e criterioso sobre a história inicial da Southwest, que volto a explorar em capítulos posteriores.

Meu modelo de cadeia de valor é uma versão simplificada da figura clássica de Porter. Para consultar o original, veja o capítulo 2 de *Competitive Advantage: Creating and Sustaining Superior Performance* (Nova York: Free Press, 1985) e também "How Information Gives You Competitive Advantage," reeditado em *On Competition* (2008). Para conhecer uma grande lição sobre como utilizar a análise da cadeia de valor, veja Porter e Robert S. Kaplan, "How to Solve the Cost Crisis in Health Care", *Harvard Business Review*, set. 2011.

Tomei conhecimento da Whirlwind Wheelchair no documentário *Wheels of Change*, da PBS Frontline/World, produzido por Marjorie McAfee e Victoria Gamburg e apresentado por Marjorie McAfee. Marc Krizack, diretor executivo da Whirlwind, forneceu-me *insights* valiosos sobre sua organização em uma série de conversas privadas em abril de 2011.

Três fontes excelentes de ajuda no que se refere a ferramentas analíticas da vantagem competitiva (tópicos como custo relativo, condicionantes de custo e disposição em pagar) são as seguintes:

- Pankaj Ghemawat e Jan W. Rivkin, "Creating Competitive Advantage", Note 9-798-062. Boston: Harvard Business School, 2006.
- Hanna Halaburda e Jan W. Rivkin, "Analyzing Relative Costs", Note 9-708-462. Boston: Harvard Business School, 2009.
- Tarun Khanna e Jan Rivkin, "Math for Strategists", Note 9-705-433. Boston: Harvard Business School, 2005.

Escrevi a respeito da Dell, da Honda e da Schwab em *What Management Is: How It Works and Why It's Everyone's Business* (Nova York: Free Press, 2002).

Sobre o exemplo da Nomacorc, veja Timothy Aeppel, "Show Stopper: How Plastic Popped the Cork Monopoly", *Wall Street Journal*, 1º de maio de 2010.

Porter argumenta sobre a confusão entre eficácia operacional e estratégia em "What Is Strategy?", reeditado em *On Competition* (2008).

Para obter uma análise dos problemas de competição no Japão, veja Michael E. Porter, Hirotaka Takeuchi e Mariko Sakakibara, *Can Japan Compete?* Cambridge, MA: Perseus Publishing, 2000.

CAPÍTULO 4 – CRIAÇÃO DE VALOR: A ESSÊNCIA

As citações e os conceitos de Porter neste capítulo, e também sua análise a respeito da Southwest Airlines, vêm de "What Is Strategy?", reeditado em *On Competition* (2008). A figura que descreve a proposição de valor é de Porter, extraída de materiais de apresentação inéditos.

Detalhes sobre a determinação de preço inicial da Southwest e sua expansão vêm de *Nuts!*, citado anteriormente.

Escrevi sobre Walmart, Enterprise, Southwest e Aravind em *What Management Is* (2002), e acerca do Walmart em "Why Business Models Matter", *Harvard Business Review*, maio 2002.

Para obter mais informações sobre o Aravind, veja V. Kasturi Rangan, "The Aravind Eye Hospital, Madurai, India: In Service for Sight", Case 9-593-098 (Boston: Harvard Business School, 2009).

Minha fonte para a Progressive é John Wells, Marina Lutova e Ilan Sender, "The Progressive Corporation", Case 9-707-433 (Boston: Harvard Business School, 2008).

Um bom artigo sobre a Enterprise é Carol Loomis, "The Big Surprise Is Enterprise", *Fortune*, 14 de julho de 2006.

Sobre a Edward Jones, consultei David J. Collis e Michael G. Rukstad, "Can You Say What Your Strategy Is?", *Harvard Business Review*, abr. 2008; e David J. Collis e Troy Smith, "Edward Jones in 2006: Confronting Success", Case 9-707-497 (Boston: Harvard Business School, 2009).

Minha fonte para a história da Grace Manufacturing é John T. Edge, "How the Microplane Grater Escaped the Garage", *New York Times*, 11 de janeiro de 2011.

CAPÍTULO 5 – *TRADE-OFFS*: O ELEMENTO DECISIVO

Este capítulo utiliza pesquisa inédita sobre McDonald's, Go Fly da British Airways, Home Depot e Lowe's realizada por Andrew Funderburk, ex-aluno do Institute for Strategy and Competitiveness, de Porter. Veja também Stephanie Clifford, "Revamping, Home Depot Woos Women", *New York Times*, 28 de janeiro de 2011.

A análise de Porter a respeito da Ikea vem de "What Is Strategy?", reeditado em *On Competition* (2008). Sobre a pesquisa que mostra que as pessoas valorizam mais algo que elas mesmas fazem, veja Michael I. Norton, Daniel Mochon e Dan Ariely, "The 'IKEA Effect': When Labor Leads to Love", *working paper* 11-091, Harvard Business School, Boston, 2011.

Tomei conhecimento da In-N-Out-Burger em Youngme Moon, *Different: Escaping the Competitive Herd* (Nova York: Crown Business, 2010). A história da empresa é contada habilmente por Stacy Perman, em *In-N-Out Burger: A Behind-the-Counter Look at the Fast-Food Chain That Breaks All the Rules* (Nova York: Harper Collins, 2009).

CAPÍTULO 6 – AJUSTE: O AMPLIFICADOR

Porter escreve sobre os tipos de ajuste em "What Is Strategy?", reeditado em *On Competition* (2008).

Duas fontes excelentes sobre a Zara são Kasra Ferdows, Michael A. Lewis e Jose A. D. Machucam, "Rapid-Fire Fulfillment", *Harvard Business Review*, nov.

2004; e Pankaj Ghemawat e José Luis Nueno, "Zara: Fast Fashion", Case 9-703-497 (Boston: Harvard Business School, 2003).

A citação de Reed Hastings acerca do problema de compatibilização da Netflix vem de William C. Taylor e Polly LaBarre, *Mavericks at Work: Why the Most Original Minds in Business Win* (Nova York: HarperCollins, 2006).

Roger Martin escreveu um blog sobre a destruição de valor da AT&T em "When Strategy Fails the Logic Test", 24 de novembro de 2010, <http//blogs. hbr.org/martin/2010/11/i-pretty-much-knew-that.html>.

CAPÍTULO 7 – CONTINUIDADE: O CAPACITADOR

Porter aplica o pensamento das cinco forças à análise das tecnologias potencialmente revolucionárias em "Strategy and the Internet", reeditado em *On Competition* (2008).

Sobre o negócio de laticínios da Nestlé, veja Porter e Mark R. Kramer, "Strategy and Society: The Link Between Competitive Advantage and Corporate Social Responsibility", reeditado em *On Competition* (2008).

A história da Sears é contada por Roger Hallowell e James I. Cash Jr., "Sears, Roebuck and Company (A): Turnaround", Case 898-007 (Boston: Harvard Business School, 2002).

Os comentários de Alan Mulally a respeito da transformação da Ford são relatados por Bill Vlasic, "Ford's Bet: It's a Small World After All", *New York Times*, 10 de janeiro de 2010.

Este relato do processo de projeto da BMW é de S. Thomke, "Managing Digital Design at BMW", *Design Management Journal* 12, n. 2, 2001.

Boas fontes sobre a Netflix são Michael V. Copeland, "Reed Hastings: Leader of the Pack", *Fortune*, 18 de novembro de 2010; e Willy Shih, Stephen Kaufmann e David Spinola, "Netflix", Case 9-607-138 (Boston: Harvard Business School, 2009).

Para conhecer o pensamento da BMW sobre seu carro elétrico, veja Jack Ewing, "Latest Electric Car Will Be a BMW, From the Battery Up", *New York Times*, 1º de julho de 2010.

A história de como o quarto avião da Southwest levou aos *turnarounds* de dez minutos dos aviões nos terminais de embarque é relatada em *Nuts!*, p. 33-34.

Escrevi sobre a Dell em *What Management Is* (2002) e em "Why Business Models Matter", *Harvard Business Review*, maio 2002; e entrevistei Michael Dell em "The Power of Virtual Integration", *Harvard Business Review*, mar. 1998. Para obter mais informações sobre a Dell, veja Jan W. Rivkin e Michael E. Porter, "Matching Dell", Case 9-799-158 (Boston: Harvard Business School, 1999).

Nicolaj Siggelkow escreveu sobre a Liz Claiborne, em "Change in the Presence of Fit", *Academy of Management Journal* 44, 2001, p. 838-857.

A citação referente à importância da estratégia em tempos de turbulência vem de Michael E. Porter e Jan W. Rivkin, "Industry Transformation", Note 701-008 (Boston: Harvard Business School, 2000).

ÍNDICE REMISSIVO

Aeppel, Timothy 235
ajuste
   como barreira contra imitação 154, 166-168
   competência essencial e 25
   definição 25, 154-155, 221
   tipos de 158-161
Akerson, Dan 35
análise do competidor 221
análise setorial. *Veja também* Cinco forças definindo o setor pertinentes para 68-69
   etapas na execução 68-69
   produtos complementares e 66-67
analistas financeiros. *Veja* Mercados financeiros
AOL (America Online) 179, 205
Apple 38, 44, 49, 61, 70, 80, 84, 92, 134
aquisições 204-205
Aravind Eye Hospital 116
   cadeia de valor sob medida do 121-122
   cinco forças e 122
   continuidade e mudança no 173, 176
   cultura e valores 121-122
   proposição de valor do 116-117
   vantagem de custo do 121
Argyres, N. 233
Ariely, Dan 236
AT&T 164, 237
atividades. *Veja também* cadeia de valor 99, 101
   melhores práticas e 99, 100
   vantagem competitiva e 98, 101, 118
   definição de 85-86, 222
   mapeamento de 162-163, 167
atratividade setorial 53, 67-68, 70
AVE (Alta Velocidad Española) 43-44, 80

Bang & Olufsen 113
barreiras à entrada. *Veja* Barreiras de entrada
barreiras contra imitação 141, 144-148, 153-154, 166-168
barreiras de entrada 60-62, 119, 211, 222
barreiras de saída 63, 211
benchmarking 100
bens e serviços complementares 66
Blank, Arthur 160

Blockbuster 60, 142
Blue Ocean Strategy [A estratégia do oceano azul] (Kim e Mauborgne) 45
BMW 40, 44, 49, 59, 84, 127, 134, 139, 172, 178, 179, 183, 184
British Airways 142, 143, 167, 236
Burger King 141, 142, 214

Cablevision 164
cadeia de valor
  análise da 87-92
  atividades e 95-96, 97-100
  definição 86-87, 101, 222
  sob medida para a proposição de valor 24, 118-131, 222
Can Japan Compete? (Porter, Takeuchi e Sakakibara) 235
Cash, James I. Jr. 237
Cemex 55, 69, 234
Chang, Morris 135, 136
cinco testes de estratégia 23-26, 169-170
Clifford, Stephanie 236
clusters 172, 223
Collis, David J. 236
Comcast 164
competência essencial 25, 98, 161, 164-166, 194, 225
competição de soma positiva 44-46, 127, 223
competição de soma zero 43-44, 46, 148, 164, 223
competição em setores específicos
  assentos de aeroporto 37
  automóveis 40-41, 81, 179, 183-184
  cadeiras de rodas, doação de 88-91
  caminhões pesados 70-71
  cimento 55, 234
  companhias aéreas 38, 57, 113-116, 123-125, 145, 211-212, 234
  computadores pessoais (PCs) 38, 56, 58, 61, 67-70, 178, 187-189

corretagem 96, 110, 149
distribuição de alimentos 213
fabricação de semicondutores 135-136
fast-food 36, 141-142, 149, 214
hotéis 39, 233
locação de veículos 111-112, 125-128
locação de vídeos 59, 142, 184
lojas de desconto 36, 109
produtos eletrônicos de consumo 38
produtos farmacêuticos 62-63
rede varejista de materiais de construção 56, 146-148
rede varejista de móveis e decoração 136-139
rolhas de vinho 97-98
seguro de automóveis 110
serviços de saúde, EUA 223
varejo de moda 155-158
competição para ser o melhor 35- 43, 45, 91, 118, 194-195, 197, 200
competição para ser único 43-47, 194
competição perfeita 41, 42, 65
competição por preço 41, 63, 115, 212
Competitive Advantage [Vantagem competitiva] (Porter) 15, 96, 231
Competitive Advantage of Nations, The [A vantagem competitiva das nações] (Porter) 232
Competitive Strategy [Estratégia competitiva] (Porter) 15, 231, 228
competitividade, de países 224
comunicando uma estratégia 217-219
conceito errôneo de competição e estratégia
  atratividade de setores com alto crescimento 65-66
  mudança, adaptando-se a 171, 188-191, 194-195
  vantagem competitiva, definida vagamente 23, 75-76, 101
  vantagem competitiva, sustentabilidade da 17-18, 133-134

ÍNDICE REMISSIVO

confundindo execução com estratégia 17, 99-101, 194-195, 197, 234-235
confundindo marketing com estratégia 107, 118, 194, 197
competências essencial e estratégia 25, 153, 161, 194
criar valor *versus* derrotar rivais 31, 101, 194
o cliente nem sempre tem razão 151, 194
analogias falsas com guerras e esportes 35-36
análise das cinco forças usadas para determinar atratividade 23, 69-70
papel da flexibilidade na estratégia 179, 182, 194-195
rapidez de mudanças setoriais 52, 205-207
estrutura setorial é dinâmica 71
métricas de sucesso 77-80, 101, 201
interpretando mal a obra de Porter 45
origens das estratégias eficazes 185-186
superestimando as forças competitivas 198
trade-offs são necessários 133, 194
incerteza acerca do futuro e estratégia 177-179, 195
ser o melhor, a falácia de 22, 35-43, 194, 197
competição além da rivalidade direta 22, 49, 194
condicionantes de custo 92, 95, 124, 224, 235
condicionantes de preço 91-92
consolidação de setores 41-42
continuidade da estratégia 25, 224
  capacitador de vantagem competitiva 171-173
  inovação e 175-177, 182-184, 188-190
convergência competitiva 38-39, 62-64, 164-165, 225
Copeland, Michael V. 237

crescimento
  atratividade setorial e 65-66
  expansão geográfica 204-205
  limites ao 205-206
  medindo o sucesso competitivo e 77-80, 101, 194
  sem solapar a estratégia 202-204
criação de valor como chave para o sucesso competitivo 23, 31, 225
Crowne Plaza 39
Cullen, Ann 234
cultura e estratégia 121-122, 172-173
custo relativo 82-85, 92, 94-95, 98, 101, 208, 225, 235
custos de transferência 58, 60, 61, 64

definindo o setor 68-69, 198-199
Dell 83, 172, 178, 181, 187-189, 235
Dell, Michael 181, 188, 237
demonstração de resultados, *veja* Resultados financeiros
desenvolvendo uma estratégia 129-130, 185-189
diferenciação 82, 91, 125-126, 131, 225
Disney 172
disposição em pagar (WTP) 80, 81, 235
diversificação 202, 214, 226
dividendos 205

EasyJet 145
economias de escala 40, 61, 95
economias emergentes, transição para estratégia em 213-215
Edge, John T. 236
Edward Jones 236
  cadeia de valor da 119-120
  proposição de valor da 108
  trade-offs realizados pela 149-150
efeito de rede 61
eficácia operacional
  ajuste e 166-167

definição 99-100, 226
economias em desenvolvimento e 213-214
Japão e 100
mudança e 182-184
trade-off de custo/qualidade e 143-145
vantagem competitiva e 100
Elliot, Christopher 233
empreendedores e estrutura de novos setores 210-211
Enterprise Rent-A-Car 235-236
    cadeia de valor da 125-128
    continuidade da estratégia e mudança na 173
    proposição de valor da 110-112
escopo de produto 68
escopo geográfico 55, 68-69, 198, 214, 226
estagnado no meio do caminho 126, 226-227
estratégia corporativa 76, 227
estratégia de nicho 124
estratégia, definição de Porter de 33-34, 227
estratégias genéricas 125, 126, 227-228
estrutura das cinco forças 23, 49-53, 222.
    Veja também Estrutura setorial
    ameaça de novos entrantes e 60-62
    ameaça de substitutos e 58-60
    análise setorial e 68-69
    implicações para a estratégia 67-71
    indústria de computadores e 56-58, 61, 67-70
    poder do comprador e 55-58
    poder do fornecedor e 56-58
    relevância em setores novos, emergentes 210-211
    rivalidade entre competidores existentes e 62-24
    setor da aviação comercial 114, 211-213, 234
    setor de caminhões pesados 70, 71
    setor de serviços alimentícios e 213
estrutura setorial. *Veja também* Cinco forças
    implicações para a estratégia da 67-71
    ligada à lucratividade 49-51, 52-67
    mudando um setor sem atrativos e 211-212
estruturas 21, 228, 233
Ewing, Jack 237
execução. *Veja* Eficácia operacional

Ferdows, Kasra 236
ferramentas analíticas
    análise da cadeia de valor 87, 92
    análise SWOT 52, 221
    custeio baseado em atividades 92
    desenvolvendo uma nova estratégia 129, 130, 185, 186, 210, 211
    estrutura do setor 52-53, 68-69, 77, 234
    mapeamento da atividade 162, 163
    vantagem competitiva 75, 77, 93, 94, 222, 234
flexibilidade 179, 182
foco como estratégia genérica 125-126
Ford Motor Company 81, 174-175, 179, 237
Ford, Henry 86, 121
Four Season Hotels 44, 140, 173
Freiberg, Kevin e Jackie 234
Fritsch, Peter 234
Funderburk, Andrew 9, 236

GE 33, 40
General Motors 35, 40, 86, 144
gestão da qualidade total 100
Ghemawat, Pankaj 234, 235, 237
globalização e competição através de fronteiras 198, 204-205, 207-208, 224
Google 33
Grace, Chris 130
Grace, Richard 130

H&M 156, 158
Halaburda, Hanna 235
Hallowell, Roger 237
Hastings, Reed 160, 184
Hertz 111, 112, 125, 127, 128
Hewlett-Packard 83
Hilton 39
hipercompetição 100
Home Depot 56, 146, 147, 148, 160, 165, 236
Honda 81, 95, 127, 235
Hooydonk, Adrian van 184
Hotchkiss, Ralf 90, 91
Hyatt 39, 49

IBM 67
IKEA 236
  ajuste entre atividades na 154-156, 161, 166-167
  continuidade e mudança na 181-182, 186, 189-191
  proposição de valor da 43-44, 136, 139, 143
  trade-offs da cadeia de valor feitos pela 136-139
  vantagem do custo relativo da 82-83
incerteza e estratégia 177-179, 182
indicadores de desempenho 76-80, 194, 201-202, 215-216
Inditex 155
In-N-Out Burger 36, 92, 149, 171, 178, 179, 236
inovação
  continuidade e 175-177
  estendendo uma proposição de valor por meio da 183-184
  estrutura setorial e 205-207
  trade-offs invalidados pela 143, 180-181
integração vertical 58, 86
Intel 56-58

Japão, eficácia operacional e 99-100, 234-235

Kamprad, Ingvar 186
Kaplan, Robert S. 234
Kaufmann, Stephen 237
Kelleher, Herb 79, 115, 151, 234
Khanna, Tarun 235
Kramer, Mark R. 237
Krizack, Marc 234

LaBarre, Polly 237
Lenovo 67
Levitt, Theodore 198
Lewis, Michael A. 236
Lexus 144, 173
liderança de custo como estratégia genérica 125-126
Liz Claiborne 180, 238
Loomis, Carol 236
Lowe's 56, 146-148
lucratividade. *Veja também* Resultados financeiros
  atividades como fonte de 85, 98-101
  estrutura setorial e 49-67, 72-73, 77
  ligação com a vantagem competitiva 75-76, 77, 93-95
  resultados financeiros da Ikea 139
  resultados financeiros da Southwest Airlines 185
  resultados financeiros da Taiwan Semiconductor 136
  resultados financeiros da Zara 158
  ROIC como medida de 77-80
Lutova, Marina 236

Machucam, Jose A. D. 236
marcas e continuidade de estratégia 171, 172
Marcus, Bernie 160
Marriott 39

Martin, Roger 237
Maynard, Micheline 234
McAfee, Marjorie 234
McDonald's 36, 97, 140-142, 149, 236
McGahan, A. M. 233
MediaOne 164
melhor prática 99, 100, 123, 144, 183, 217. *Veja também* eficácia operacional
mercados financeiros, impacto sobre a estratégia 77-80, 148, 200-203, 217-218
Michaels, Daniel 233
Microplane 129-130, 236
Microsoft 56, 58, 61, 67, 70
Mochon, Daniel 236
modelo de negócio 87, 109, 209, 210
Moon, Youngme 233, 236
mudança, e estratégia 24-25, 169-171, 180-182. *Veja também* continuidade
Mulally, Alan 174, 175, 179, 237
Muse, Lamar 116, 187

necessidades dos clientes
    competição para ser o melhor e 41-43, 45
    mudanças na exigência de uma nova estratégia 180-181
    proposição de valor e 108-112
Nestlé 172, 173, 237
Netflix 142, 159, 165, 184, 237
NetJets 113
Nomacorc 98, 235
Norton, Michael I. 236
Nucor 76, 83
Nueno, José Luis 237

o vencedor leva tudo 40
obstáculos à estratégia 199-200
oferta e demanda, relação com às cinco forças 65
OMK 37
On Competition [*Competição*] (Porter) 231, 232, 234, 235, 236, 237

OPEP 59
organizações sem fins lucrativos
    competição entre 34
    competição para ser único e 45
    custo relativo e valor nas 84-85, 87
    métricas de sucesso para 77-78, 215
    necessidade de estratégia nas 215-216
    trade-offs e proliferação de missões 149, 215-216
    vantagem competitiva e 84-85, 101

Paccar 70, 71, 80
países em desenvolvimento. *Veja* Economias emergentes
participação de mercado 40, 78, 101, 194
Perman, Stacy 236
Pharmacia & Upjohn 76
planejamento estratégico 105, 216-217. *Veja também* desenvolvendo uma estratégia
Pollo Campero 214
posição relativa 32
posicionamento 24, 31-32, 71, 128, 129-130, 144-145, 162, 229
preço relativo 81-84, 94, 101, 108
Progressive Corp. 236
    cadeia de valor da 120
    proposição de valor da 109-110
proposição de valor 107-118, 218, 229

qualidade e *trade-off* de custo 143-145
    na Ikea 136-139

Radisson 39
Rangan, V. Kasturi 235
Redbox (Coinstar) 59-60, 184
regulamentação ambiental, impacto sobre a competitividade 228
regulamentação governamental, estrutura setorial e 60-61, 65, 180-181
reposicionamento 167-168, 174-175

resultados financeiros, vantagem competitiva refletida em 75-76, 135-136, 139, 157, 158, 194
Retorno sobre as vendas (ROS) 79, 101
Retorno sobre o capital investido (ROIC) 78-80, 101, 229
Reuters 176
Rivkin, Jan W. 234, 235, 238
Rukstad, Michael G. 236
Ryanair 82, 143

Sakakibara, Mariko 235
Schwab, Charles 96, 235
Sears 140, 174, 237
segmentação
    por cliente 56, 109-110, 113
    por necessidade 110-113, 116-117
    por preço relativo 113-118
Sender, Ilan 236
sensibilidade ao preço 56
Shih, Willy 237
Siggelkow, Nicolaj 238
sistema de valor 86-87, 229
Smith, Troy 236
Snyder, Harry 149
Southwest Airlines 234-235
    análise do custo relativo 92-94, 95
    cadeia de valor da 123-125, 143-145
    continuidade e mudança 173, 179, 185, 186-187
    cultura e vantagem competitiva 123
    lucratividade como objetivo 79
    proposição de valor da 114-116, 143-145
    ROIC na 185
Spinola, David 237
Starbucks 60
substitutos 58-60, 230
sustentando uma vantagem competitiva
    competindo na execução 99-100
    função do ajuste 154, 163, 166-168

função dos *trade-offs* 133-134, 141, 143-146
SWOT 52, 221
Sysco 213

Taiwan Semiconductor (TSMC) 135
Takeuchi, Hirotaka 235
Target 36
Taylor, Jack 125
Taylor, William C. 237
TCI 164
tecnologia e estrutura setorial 65, 212-213
tecnologia revolucionária 170, 179, 181-182, 207-208
Teisberg, E. 231
terceirização 165, 181, 231
Teva 83
Thomke, S. 237
Toyota 57, 58, 81, 173
Trade-offs
    custo e qualidade 143-145
    da Ikea 136-139
    definição 124, 134, 231
    fontes de 139-140
    organizações sem fins lucrativos e 215-216
    papel em sustentar estratégias 24, 140, 143
    vantagem competitiva da TSCM e 135-136

USAA 110

vacilo (*straddling*) 142-148, 167
valor para o acionista 79, 101, 202
valor para o comprador 81, 82, 91, 231
Vanguard 44, 83
vantagem comparativa 224
vantagem competitiva
    atividades da cadeia de valor e 85-87, 99

custo como fundamento da 82-85
definição 75-76
diferenciação e 80-82
função dos limites e da escolha 128-131, 153-154
fundamentos econômicos da 76-80, 101
indicadores de desempenho e 77-80, 101
ligada aos resultados financeiros 135-136, 139, 157-158, 185
sustentável *versus* de imitadores 133-134, 141, 143-145, 154, 163, 166-168
Venkataswamy, Govindappa 116
Vlasic, Bill 237

Walmart 36, 72, 83
  cadeia de valor do 119
  continuidade e mudança no 175-178
  proposição de valor do 109-110
Walton, Sam 109
Welch, Jack 33, 40
Wells, John 236
Wendy's 141
Westin Hotels and Resorts 39, 49
Whirlwind Wheelchair International 90-92, 234

Zara 155-158, 161, 164-168, 236-237
Zipcar
  cadeia de valor da 127-128
  proposição de valor da 112-113

SOBRE A AUTORA

A colaboração de Joan Magretta com Michael Porter começou há quase duas décadas, quando era editora de estratégia na *Harvard Business Review*. Ela trabalhou estreitamente com Porter em diversas publicações, editando dois dos mais influentes artigos dele: "What Is Strategy?" e "The Five Competitive Forces That Shape Strategy". Atualmente, é associada sênior do Institute for Strategy and Competitiveness, de Porter, na Harvard Business School.

Magretta é conhecida por sua produção literária em estratégia e administração geral. Em 1998, conquistou o McKinsey Award, prêmio concedido anualmente para o melhor artigo publicado na HBR. Sua mais recente obra, *What Management Is: How It Works and Why It's Everyone's Business* (2002), foi publicada em 15 idiomas. Tal obra foi elogiada pelo jornal *Financial Times* por sua objetividade e considerada um dos três melhores livros de economia e negócios do ano pela revista *The Economist*, que a descreveu como "Um animal raro: um livro de administração que é lúcido, interessante e honesto". A revista *BusinessWeek* também a colocou em sua lista dos dez melhores livros, considerando-a um "roteiro de retomada dos fundamentos da administração".

Antes de ingressar na HBR, Magretta foi sócia da Bain & Co. Ao longo de sua carreira, assessorou altos executivos de uma grande variedade de ramos: de serviços de saúde a alta costura, de manufatura pesada a educação superior.

Em 1983, antes de obter seu MBA na Harvard Business School, Magretta foi professora da área de ciências humanas, ensinando literatura e cinema. É graduada Phi Beta Kappa da University of Wisconsin, com mestrado pela Columbia e doutorado em inglês pela University of Michigan.